G Viehe

Grammatik des Otjiherero, nebst Wörterbuch

G Viehe

Grammatik des Otjiherero, nebst Wörterbuch

ISBN/EAN: 9783744602686

Hergestellt in Europa, USA, Kanada, Australien, Japan

Cover: Foto ©Andreas Hilbeck / pixelio.de

Weitere Bücher finden Sie auf **www.hansebooks.com**

XVI

GRAMMATIK

DES

OTJIHERERO

NEBST

WÖRTERBUCH

VON

G. VIEHE
MISSIONAR

STUTTGART & BERLIN
W. SPEMANN
1897
1902 übergegangen in den
Verlag von Georg Reimer Berlin

Vorwort.

Das Otjiherero, Sprache der Herero (Ovaherero), ist der südwestlichste Zweig jener Sprachenfamilie, für welche der Name Bantu-Sprachen (d. h. wörtlich Menschen-Sprachen) jetzt ziemlich allgemein im Gebrauch ist. Die dieser Familie angehörenden Sprachen zählen zu Hunderten. Im deutschen West-, Südwest- und Ostafrika, bei den Kaffernstämmen in Südostafrika, sowie bei den Völkerschaften Mittelafrikas stossen wir auf Zweige dieses ausgedehnten Sprachbaumes.

Diese Sprachen sind unter einander zum Theil nahe verwandt, jedoch nicht so nahe, dass die hier und da gehörte Bezeichnung Lingua Bantu für die Gesamtheit derselben gerechtfertigt erscheinen könnte. Nicht um eine Sprache mit Dialekten, sondern um eine Familie mit verschiedenen Sprachen handelt es sich. Diese Sprachen stehen in einem ähnlichen Verwandtschaftsverhältnis zu einander wie beispielsweise Deutsch, Holländisch, Dänisch und Englisch.

Das Otjiherero ist die Sprache der Herero, wird aber auch von Völkerschaften, welche nördlich vom Hereroland wohnen und gewöhnlich unter dem Gesamtnamen Ovambo zusammengefasst werden, zum Teil verstanden und gesprochen.

Statt Herero wäre richtig Ovaherero zu schreiben. Herero ist, ebenso wie Bantu, überhaupt kein Wort, sondern nur der Stamm, aus welchem ein Wort (Substantiv, Adjektiv, Verbum) gebildet werden kann. Aber der Sprachgebrauch ist ein Tyrann, dem man sich fügen muss, und da bei Europäern die unvollständige Form Herero in Gebrauch gekommen ist, so wollen auch wir in deutschen Sätzen uns derselben bedienen. Dementsprechend sollte man die Sprache des Volkes dann auch »Herero« nennen, aber der Deutlichkeit wegen behalten wir dafür die richtigen Formen Otjiherero und Hererosprache bei.

Seit das Hereroland unter deutschen Reichsschutz gestellt ist und immer mehr Deutsche im Lande sich niederlassen, hat naturgemäss auch das Interesse an der Sprache der Bewohner zugenommen. Unter den neuen Ansiedlern macht sich das Bedürfnis sehr fühlbar, eine praktische Anleitung zur Erlernung der Hauptsachen aus der Sprache zu besitzen. Andere, besonders Missionare und Beamte, verlangen eine gründlichere, auch die Feinheiten der Sprache berücksichtigende Grammatik. Sprachforschern in der Heimat endlich würde eine mehr wissenschaftliche Behandlung des Sprachbaues erwünscht sein. Ich habe mich bestrebt, allen diesen Bedürfnissen im vorliegenden Büchlein nach Möglichkeit entgegenzukommen. Die in möglichst einfacher Form ausgedrückten Regeln werden, besonders durch die beigefügten Beispiele, auch dem sprachlich weniger Geschulten leicht verständlich werden. Manches, besonders das durch kleineren Druck Unterschiedene, mag der Anfänger zunächst übergehen. Man hat mich ersucht, um solcher Anfänger willen grössere Übungsstücke aufzunehmen. Aber dadurch wäre das Buch viel umfangreicher und unhandlicher geworden, als mir wünschenswert schien, und für die Mehrzahl derer, welche dasselbe etwa benutzen werden, hätten solche Übungsstücke wohl kaum viel Wert. Dieselben schienen aber auch deshalb eher entbehrlich, weil dem Lernenden eine hinreichende Litteratur zum Lesen in der Hererosprache zu Gebote steht. Der beigefügte Anhang mit leichten Übungssätzen aus der gewöhnlichsten Umgangssprache wird dem Anfänger dagegen willkommen sein.

Diejenigen, welche eine gründliche Anleitung zum Erlernen der Sprache begehren, werden ihre Wünsche am meisten berücksichtigt finden. Aber auch der Sprachforscher mit bescheidenen Ansprüchen wird sich hoffentlich nicht ganz unbefriedigt fühlen.

Das Otjiherero gehört übrigens zu denjenigen Bantusprachen, welche auch schriftlich bereits mehrfach bearbeitet sind. Schon

1857 erschien »Grundzüge einer Grammatik des Herero von Missionar Hugo Hahn«, 1883 »English-Herero Dictionary von Missionar Kolbe«, 1886 ein umfangreiches »Wörterbuch des Otjiherero von Missionar H. Brincker«. Von den in der Hererosprache erschienenen Schriften seien hier nur erwähnt: Biblische Geschichten in verschiedenen grösseren und kleineren Ausgaben, das Neue Testament und die Psalmen, Bunyan's Pilgerreise, ein Gesangbuch mit 158 Liedern und verschiedene Schulbücher. Der Verfasser der vorliegenden Arbeit hat deshalb keinen Anspruch auf das Verdienst, das Gebotene alles oder grösstenteils selbst erforscht zu haben oder zu den grundlegenden Bearbeitern des Otjiherero zu gehören. Mit Dank und Freude erkennt er es an, dass er von Vorgängern und Mitarbeitern vieles sich aneignen konnte. Meine grundlegenden Kenntnisse dieser Sprache verdanke ich vor allem meinem verehrten Lehrer und Freunde Dr. H. Hahn, der mich vor 28 Jahren an der Hand seines oben genannten Werkes in dieselbe einführte. Daneben schöpfte ich manches Wertvolle aus einem leider ungedruckt gebliebenen umfangreichen Wörterbuch von Missionar J. Rath. Hahn's genannte Grundzüge einer Hererogrammatik sind bis heute auch das Vollständigste und Beste geblieben, was wir über die Grammatik dieser Sprache besitzen. Das Buch ist jedoch längst nicht mehr zu haben und war auch mehr für Sprachforscher als für diejenigen berechnet, welche die Sprache zum praktischen Gebrauche sich anzueignen wünschen. Selbstredend hat seit dem Erscheinen desselben im Jahre 1857 die Kenntniss dieser Sprache auch wesentliche Fortschritte gemacht. Die Anordnung jener Grundzüge habe ich mir aber zum Muster genommen und in den ersten Abschnitten einzelne Regeln sogar fast wörtlich beibehalten.

Über die Syntax im besonderen war bisher noch nichts veröffentlicht. Mein vorliegender Versuch einer solchen wird deshalb gewiss manche Lücken und Schwächen erkennen lassen. Der freundliche Beurteiler wolle dieselben mit Nachsicht behandeln.

Bei Herstellung des beigefügten Wörterverzeichnisses musste ich mich, um das Buch nicht zu sehr anschwellen zu lassen, sowohl bezüglich der Auswahl der Wörter als der Erklärungen und

Beispiele in gewissen Grenzen halten. Für den gewöhnlichen Gebrauch wird dasselbe genügen. Wer ein möglichst vollständiges Wörterbuch sucht, der sei an das oben erwähnte von Brincker erinnert.

Es ist mir eine sehr angenehme Pflicht, an dieser Stelle den Missionaren Irle und Eich meinen verbindlichsten Dank dafür auszusprechen, dass sie sich der Mühe unterzogen haben, das Manuskript durchzulesen und Satz für Satz auf seine Richtigkeit zu prüfen.

Wenn das Büchlein an seinem Teil etwas zur Vermehrung der Kenntnis dieses Zweiges afrikanischer Sprachen beitragen und den einen und anderen veranlassen sollte, darüber nachzudenken, wie selbst ein auf so niedriger Stufe stehendes »Naturvolk« eine so fein ausgebildete Sprache besitzen könne; wenn es zur Erleichterung der Kulturarbeiten und mittelbar auch zur Förderung der Zwecke des Reiches Gottes Handlangerdienste thun sollte, dann würde ich die darauf verwandte Zeit und Mühe nicht für verloren erachten.

Okahandja, den 15. Januar 1896.

G. V.

Inhalts-Verzeichniss.

Etymologie.

Seite

I. Von den Sprachlauten und Schriftzeichen. §1—7 . . . 1
II. Von den Silben und Wörtern. §8—10 2
III. Vom Substantiv. §11—28 3
    1. Bestandteile des Substantivs. §11—15 3
    2. Klassen der Substantiva. §16—21 4
    3. Ableitung der Nomina. §22—24 7
    4. Nomina composita. §25 8
    5. Deklination. §26—28 9
IV. Vom Adjektiv. §29—33 10
V. Von den Zahlwörtern. §34—44 12
    1. Numeralia cardinalia. §34. 35 12
    2. Numeralia ordinalia. §36 14
    3. Numeralia determinativa. §37 14
    4. Numeralia distributiva. §38 15
    5. Wiederholungszahlen. §39 16
    6. Unbestimmte Zahlwörter. §40—44 16
VI. Von den Fürwörtern. §45—67 17
    1. Pronomina personalia. §45—50 19
    2. Pronomina demonstrativa. §51—56 20
    3. Pronomina relativa. §57 21
    4. Pronomina possessiva. §58 21
    5. Pronomina interrogativa. §59—63 22
    6. Pronomina indefinita. §64—67 24
VII. Vom Verbum. §68—89 26
    Allgemeines. §68—70 26
    A. Verbalformen. §71—87 27
        1. Grundform und abgeleitete Formen. §71—75 . . . 27
        2. Die Relativform. §76. 77 28
        3. Die Kausativform auf *isa*. §78—80 28
        4. Die Kausativform auf *eka* und *ika*. §81—83 . . . 29
        5. Die Reciprokalform. §84 30
        6. Die transitive Inversivform. §85. 86 30
        7. Die intransitive Inversivform. §87 31
        8. Die Reflexivform. §88 31
        9. Denominative Verben. §89 32

Seite

    B. Konjugationsformen. § 90—145 32
        1. Begriff der Konjugationsformen. § 90 32
        2. Genera Verbi. § 91—93 32
        3. Infinitiv. § 94. 95 33
        4. Participium. § 96 33
        5. Imperativ. § 97—99 33
        6. Tempora und Modi. § 100—145 34
            Allgemeines. § 100—108 34
            Participialer Aorist. § 109—112 36
            Historischer Aorist. § 113. 114 38
            Praesens. § 115. 116 38
            Futurum. § 117—119 39
            Imperfectum. § 120—122 39
            Perfectum. § 123—125 39
            Plusquamperfectum. § 126. 127 40
            Jussiv. § 128—131 40
            Optativ. § 132—134 41
            Zusammengesetzte Formen. § 135—145 41
    C. Unregelmässige und defekte Verben. § 146—153 . . 44
VIII. Von den Formwörtern. § 154—173 46
  Praepositionen. § 154—158 46
  Adverbien. § 159—172 47
  Konjunktionen. § 173 50

Syntax.

1. Der einfache Satz. § 174—184 52
2. Von der Kopula. § 185—189 53
3. Vom Artikel. § 190. 191 54
4. Zeit- und Modusformen. § 192—203 54
5. Vom Infinitiv. § 204—209 56
6. Vom Participium. § 210. 211 58
7. Von den Pronomen. § 212—220 58
8. Von den Adverbien. § 221—231 60
9. Von den Konjunktionen. § 232—249 62
10. Fragesätze. § 250—253 66
11. Zusammengezogene Sätze. § 254. 255 67
12. Zusammengesetzte Sätze. § 256—266 68
13. Satzgefüge. § 267—277 71
14. Abgekürzte Nebensätze. § 278. 279 74
Einfache Übungssätze 76
Wörterbuch. 87

Etymologie.

I. Von den Sprachlauten und Schriftzeichen.

§ 1. Das Otjiherero besitzt 25 Laute, nämlich 5 Vokale und 20 Konsonanten, wozu noch *u* als Halbvokal kommt.

§ 2. Die Vokale sind *a, e, i, o, u*. Sie werden gesprochen wie im Deutschen.

§ 3. Zwischen langen und kurzen Vokalen ist nicht zu unterscheiden.

Die Dehnung oder Abkürzung der Vokale hängt fast ausschliesslich von der Willkür des Sprechenden ab. In vereinzelten Fällen wird eine Silbe stets lang gesprochen. Solche Silben sind mit doppeltem Vokal zu schreiben. Es ist ein Konsonant zwischen ihnen ausgefallen.

§ 4. Eigentliche Doppellaute fehlen im Otjiherero. *Ai* und *au* wurden von den Herero ursprünglich als zwei Laute gesprochen, werden dadurch, dass das Otjiherero Schriftsprache geworden ist, aber zu eigentlichen Doppellauten allmählich zusammenschmelzen.

§ 5. Die Konsonanten sind: *h, j, k, m, n, ṅ, p, r, s, t, ṭ, v, ʓ, mb, nd, nḍ, ng, tj, ndj, nj*. Auch *u* ist insofern hierher zu rechnen, als es vor jedem anderen Vokal als Konsonant gesprochen wird.

Die mit zwei Schriftzeichen dargestellten Konsonanten werden nur aus Rücksicht auf Europäer so geschrieben; nach dem Idiom des Otjiherero sollten sie als einfache Laute mit einfachen Schriftzeichen geschrieben werden.

§ 6. *b, d, ḍ, dj* und *g* sind keine selbständigen Konsonanten, sondern dienen nur als Stellvertreter härterer Laute, welche in gewissen Stellungen stets zu diesen erweicht werden. Sie werden mit schwachem nasalem Vorton gesprochen, was durch die vorgesetzten Buchstaben *m* und *n* angedeutet werden soll. So entsteht:

mb aus *p, v* und *u*	*ndj* aus *tj* und *j*
nd aus *t* und *r*	*ng* aus *k*
nḍ aus *ʓ* und *ṭ*	

§ 7. Über die Aussprache einzelner Konsonanten ist noch Folgendes zu bemerken:

tj entspricht dem englischen *ch* in *child*, *ndj* dem englischen *j* in *John* mit nasalirtem *n*;

s und *z̧* entsprechen dem englischen *th* in *think* und *thou*.

ṭ, *nḍ* und *ṇ* unterscheiden sich von *t*, *nd* und *n* dadurch, dass bei ihrer Aussprache die Zungenspitze unter oder dicht hinter die Oberzähne gepresst wird. Genau lässt ihre Aussprache sich nur dem Gehör vermitteln;

nj ist nasalirtes *n* mit leisem nachfolgendem *j*-Laut, ähnlich wie das portugiesische *ñ*;

j wird gewöhnlich fast gesprochen wie im Deutschen, verrät aber noch deutlicher seine Herkunft von *i*. In einzelnen Fällen ist es schwer, zu entscheiden, ob der Konsonant oder Vokal gemeint ist:

h entspricht im allgemeinen unserem *h*; einzelne Herero lieben es jedoch, dasselbe fast wie das englische *sh* zu sprechen;

r wird nur mit der Zungenspitze gebildet;

v wird gesprochen wie im Lateinischen.

Die Laute *t* und *ṭ*, *d* und *ḍ*, *n* und *ṇ* sind nicht mit einander verwandt. *ṭ*, *ḍ* und *ṇ* entstehen nie aus *t*, *d* und *n*.

II. Von den Silben und Wörtern.

§ 8. In der Regel besteht jede Silbe aus einem Konsonanten und einem nachfolgenden Vokal.

§ 9. Jedes Wort hat vokalischen Auslaut und die meisten Wörter auch vokalischen Anlaut. Daraus ergiebt sich, dass sehr häufig zwei Vokale an einander stossen, in welchem Falle einer derselben elidirt zu werden pflegt. Die mündliche Rede fliesst deshalb glatt dahin ohne besondere Anstösse in einem beständigen Wechsel zwischen einfachen Konsonanten und einfachen Vokalen.

In der Schrift pflegt man zur Vermeidung zu vieler Apostrophe in den meisten Fällen beide an einander stossende Vokale zu setzen, auch wenn nur einer gesprochen werden soll.

§ 10. Der Wortaccent ist noch nicht so fixirt und die betonte Silbe wird nicht so stark hervorgehoben wie im Deutschen. Am meisten hervorgehoben wird in der Regel die Wurzelsilbe, was in zweisilbigen Wörtern die erste Silbe zu sein pflegt. Aber die Silbenzahl bedingt Abweichungen von dieser Regel, und ausserdem ist der Willkür des Redenden ein grosser Spielraum gelassen.

Der Satzaccent eilt, besonders in emphatischer Rede, gern an das Ende des Satzes.

III. Vom Substantiv.

§ 11. Das Otjiherero verfügt über zehn Redeteile: 1. Substantiv, 2. Adjektiv, 3. Numerale, 4. Pronomen, 5. Verbum, 6. Adverbium, 7. Praeposition, 8. Interrogativ, 9. Konjunction, 10. Interjektion.

1. Bestandteile der Substantiva.

§ 12. Jedes Substantiv entsteht durch Verbindung seines Stammes mit einem Praefix, dem Nominalpraefix. Ohne letzteres ist der Stamm weder Substantiv, noch Verbum, noch überhaupt ein Wort.

§ 13. Der wesentliche Teil der Praefixe ist ein Konsonant mit nachfolgendem Vokal, welcher Silbe ursprünglich wohl in allen Fällen der Vokal *o* vorausging. Jetzt sind die Praefixe nicht mehr in ihrer ursprünglichen Gestalt vorhanden. In einem Falle ist nur noch ein *o*, in einem anderen nur ein *e* übrig geblieben.

§ 14. Ursprünglich war das Praefix ohne Zweifel das eigentliche persönliche Fürwort. Jetzt hat es längst seine Selbständigkeit verloren, ist aber noch von grosser Bedeutung, da es das Substantiv erst zu solchem macht, Klasse und Numerus an ihm bezeichnet und auf die meisten grammatischen Formen der Sprache einen bestimmenden Einfluss ausübt.

Das anlautende *o* bildet nicht einen wesentlichen Teil des Praefixes. Seine Bedeutung ist schwer zu bestimmen. Man hat es als artikelartig, als demonstrativ, als determinativ bezeichnet. Es besitzt die Kraft, Wörtern, denen es nicht eigen ist, nominalen Charakter zu geben und vertritt, wo es bei solchen Wörtern diesen nomenbildenden Zweck nicht hat, die Kopula. Überhaupt steht es oft im Gegensatz zu der negativen Partikel *ka*: *omundu* ein Mensch; *kamundu* nicht ein Mensch (ein Nichtmensch); *oje* er ist es; *kaje* er ist es nicht; *omu ve ri* sie sind darin; *kamu ve ri* sie sind nicht darin. Oft kann, um diese Bedeutung schärfer zu bezeichnen, das *o* durch *i* ersetzt werden: *imundu* (statt *omundu*) *poo imuti?* (statt *omuti*) ist es ein Mensch oder ein Baum? Auch menschliche Eigennamen (welche in der

Regel dies *o* nicht haben) nehmen dasselbe an, um das Verbum »sein« zu bezeichnen: *Omaharero* es ist Maharero.

Wir wollen dies *o* das nominale *o* nennen.

§ 15. Nachstehende Tabelle zeigt die Nominalpraefixe in ihrer jetzigen Gestalt.

Klassen	I	II	III	IV	V	VI	VII	VIII	IX
Singular	*omu*	*o*	*omu*	*otji*	*e*	*oru*	*oka*	*ou*	*oku*
Plural	*ova*	*oʒo*	*omi*	*ovi*	*oma*	*otu oʒo*	*ou*	*omau*	*oma omaku*

2. Klassen der Substantiva.

§ 16. Die Substantive werden nach diesen Praefixen in neun Klassen eingetheilt, deren jede ein Praefix für den Singular und eins für den Plural hat.

§ 17. Von den deutschen drei Nominalklassen (männlich, weiblich und sächlich) unterscheiden die neun Nominalklassen im Otjiherero sich ganz wesentlich dadurch, dass an dem Praefix jedes Wortes deutlich zu ersehen ist, welcher Klasse es angehört, sowie dadurch, dass diese Klassen bez. ihre Praefixe einen bestimmenden Einfluss auf die Gestalt der grammatischen Formen ausüben.

§ 18. Die Nominalklassen können in verschiedene Gruppen geteilt werden.

§ 19. Die erste Gruppe umschliesst die ersten drei Klassen.

I. Klasse. Sämmtliche Wörter dieser Klasse bezeichnen menschliche Wesen, z. B.: *omundu* (*omu-ndu*) Mensch, *ovandu* (*ova-ndu*) Menschen; *omuhona* Herr, *ovahona* Herren; *omukarere* Knecht, *ovakarere* Knechte.

Es giebt auch Wörter, welche menschliche Wesen bezeichnen, obwohl sie die Praefixe dieser Klasse nicht haben. In solchem Falle kann die grammatische Konstruktion sich nach der Form des Praefixes, aber auch nach der Bedeutung des Wortes, also nach den Praefixen der I. Klasse richten.

II. Klasse. Sie umfasst vornehmlich Tiernamen, z. B.: *ongombe* (*o-ngombe*) Rind, *oʒongombe* (*oʒo-ngombe*) Rinder; *ondu* Schaf, *oʒondu* Schafe; *ongombo* Ziege, *oʒongombo* Ziegen.

III. Klasse. Vornehmlich Namen von Bäumen und ähnlichen Gegenständen, z. B.: *omukaru* (*omu-karu*), *omikaru* (*omi-karu*); *omusauna*, *omisauna*; *omumborombonga*, *omimborombonga*.

§ 20. Der zweiten Gruppe gehören die Klassen IV bis VII an. Ihre Praefixe unterscheiden sich dadurch von denen der ersten Gruppe, dass jedes derselben an die Stelle eines anderen Praefixes gesetzt werden kann, um eine besonders den Umfang und die Gestalt betreffende Eigentümlichkeit des Gegenstandes zu bezeichnen.

IV. Klasse. Die Wörter mit diesen Praefixen bezeichnen meist sächliche, d. h. als blosse Sachen angesehene Gegenstände sowie Ortseigennamen: *otjiṋa (otji-ṋa)* das Ding, *oviṋa (ovi-ṋa)* Dinge; *otjiunguriro* Werkzeug, *oviunguriro* Werkzeuge; *otjitjuma* Gefäss, *ovitjuma* Gefässe; *otjirongo* Ort, *ovirongo* Örter; *Otjimbingue*.

Wenn ein Praefix dieser Klasse an die Stelle des Praefixes einer anderen Klasse gestellt wird, so giebt es dem betreffenden Worte den Begriff grösseren Umfanges, aber oft auch den der Verächtlichkeit: *omundu* Mensch, *otjindu* dicker (dickbäuchiger) Mensch; *ongombe* Rind, *otjiombe* dickes (dickbäuchiges) Rind.

V. Klasse. Vollendete, runde, d. h. kugelförmige Gestalt sind Hauptmerkmale der Gegenstände dieser Klasse: *ehi (e-hi)* Erde, *omahi* Erden; *ejuva* Sonne, *omajuva* Sonnen; *ejuru* Himmel, *omajuru* (die) Himmel. Auch manche Wörter, welche keine Singularform haben, besonders Stoffnamen und abstrakte Substantiva haben das Pluralpraefix dieser Klasse.

Wörtern anderer Klassen geben diese Praefixe eine ähnliche, aber noch stärkere Nebenbedeutung wie die der IV. Klasse: *endu (e-ndu)* dickbäuchiger, kugelrunder Mensch.

VI. Klasse. Der Plural dieser Klasse ist insofern unregelmässig, als derselbe bei manchen Wörtern *oʒo* statt *otu* lautet. Längenausdehnung ist die vorherrschende Eigentümlichkeit der zu dieser Klasse gehörenden Gegenstände. Den Wörtern anderer Klassen geben diese Praefixe eine dementsprechende Nebenbedeutung: *orujira (oru-jira)* schmaler langer Weg (von *ondjira* Weg), *otujira (otu-jira)* schmale lange Wege; *orutenda* dünnes langes Eisen (von *otjitenda* Eisen), *otutenda* dünne lange Eisen; *orundu (oru-ndu)* hagerer langer Mensch, *otundu (otu-ndu)* hagere lange Menschen.

VII. Klasse. Die Praefixe dieser Klasse bezeichnen Gegenstände als klein, sind also Diminutivpraefixe und entsprechen den deutschen Verkleinerungssilben lein und chen: *okaʒera (oka-ʒera)* das Vöglein (von *onḏera* der Vogel), *ouʒera (ou-ʒera)* die Vöglein; *okati* Stock (von *omuti* Baum), *outi* Stöcke; *okandu* kleiner Mensch, *oundu* kleine Menschen.

Ka ist zugleich das Praefix für menschliche Eigennamen, wozu es wohl durch den Umstand geworden ist, dass die Namengebung vorgenommen wird, während der Mensch noch klein ist. Bei den Namen Erwachsener, welche gesellschaftlich höher stehen, pflegt man das Praefix wegzulassen: *Maharero* statt *Kamaharero*; *Mureti* statt *Kamureti*. Das nominale *o* steht bei menschlichen Eigennamen nur dann, wenn es die Kopula vertritt: *Omaharero* es ist Maharero.

Ausser diesem Praefix giebt es auch ein diminutives Affix, nämlich die Silbe *na*. Dieselbe findet sich vornehmlich an Wörtern, welche Junges von Menschen und Tieren bezeichnen, aber auch bei Namen für junge Pflanzen: *okanatjona* (von *omuatje*) Kindlein; *okaʒerona* junges Vöglein; *okatana* junges, zartes Bäumchen, junges Pflänzchen (letzteres Wort heisst auch Kälbchen, sowie junger Mond).

§ 21. Die beiden Klassen VIII und IX stehen jede für sich allein, sie lassen sich keiner Gruppe einfügen.

VIII. Klasse. Dies ist die Klasse für die eigentlichen Abstracta, welche unseren Wörtern auf heit und keit entsprechen: *ousemba* (*ousemba*) Geradheit, *ousupi* Niedrigkeit, *oukohoke* Reinheit, *oujere* Herrlichkeit.

Die Abstracta dieser Klasse haben eigentlich keinen Plural. Wo später dennoch eine Pluralbezeichnung für ein Wort dieser Klasse nötig wurde, weil dasselbe eine mehr konkrete Bedeutung annahm, da wählte man das Pluralpraefix *oma* der V. Klasse, wobei aber das *u* des Praefixes dieser VIII. Klasse vor dem Stamme stehen blieb: *ouhona* die Herrschaft, das Reich (ursprünglich das Herrsein), Plural *omauhona*; *oukarere* der Dienst (ursprünglich das Knechtsein), Plural *omaukarere*.

Ein Wort mit dem Praefix dieser Klasse kann natürlich zugleich Plural der VII. Klasse sein: *ounatje* Kindlein (Plur. von *okanatje*) und Kindheit.

IX. Klasse. Diese Klasse enthielt ursprünglich wohl nur die Infinitiva der Verben. Aus diesem Grunde hatte auch sie keinen Plural. Wo ein solcher nötig geworden ist, da wählte man auch dafür das Pluralpraefix der V. Klasse, wobei schwankend geblieben ist, ob die Silbe *ku* vor dem Stamme stehen bleiben soll oder nicht: *okuhungira* reden, *okumuina* schweigen, *okuungura* arbeiten, *okusuva* ruhen; *okurama* Bein, *omarama* Beine; *okutui* Ohr, *omatui* Ohren; *okuruuo* Opferstelle, *omaruuo* (selten *omakuruuo*) Opferstellen; *okuti* Feld, Gegend, *omakuti* Felder.

Ganz isolirt stehen die Praefixe der drei Wörter: *okoŋa*, *omoŋa* und *opoŋa*. *Na* ist die Stammsilbe von *otjiŋa*, der die Praepositionen *ku*, *mu*, *pu* vorgesetzt sind, wobei das *u* derselben wegfallen musste. Über ihre grammatische Behandlung kann erst später (§ 167 ff.) das Nötige gesagt werden.

Mit der verloren gegangenen ursprünglichen Form der Praefixe der II. Klasse (*o* und *oʒo*) hängen ohne Zweifel die Veränderungen zusammen, welche bei den meisten Konsonanten nach diesen Praefixen vorgehen. Diese Veränderungen sind folgende: *j* wird *ndj*: *jenda* gehen, *ondjendero* das Gehen; *k* wird *ng*: *koka* sterben, *ongokero* das Sterben; *t* und *r* werden *nd*: *tira* fürchten, *ondira* die Furcht; *rora* versuchen, *ondorero* das Versuchen; *ţ* und *ꞷ* werden *ṇḍ*: *ţuka* stampfen, *onḍukua* das Gestampfte; *ꞷuva* hören, *onḍuviro* das Hören (Gehorsam); *p*, *v* und das konsonantische *u* werden *mb*: *pamisa* beengen, *ombamisiro* die Beengung; *vaka* stehlen, *ombakero* das Stehlen (Diebstahl); *uaneka* vereinigen, *ombanekero* das Vereinigen (Vereinigung); *m* wird, wenn es vor *i* oder *u* steht, gewöhnlich ebenfalls *mb*: *minika* grüssen, *ombinika* Gruss; *muna* sehen, *ombunino* das Sehen.

3. Ableitung der Nomina.

§ 22. Fast alle Nomina (Substantiva und Adjectiva) sind von Verben abgeleitet. Zu den wenigen Substantiven, welche eine Ausnahme davon machen, gehören die Bezeichnungen für Vater (*tate*, *iho*, *ihe*) und Mutter (*mama*, *njoko*, *ina*).

§ 23. Der Verbalstamm (§ 69) dient zugleich als Nominalstamm, dem die Nominalpraefixe vorgesetzt werden. Dabei erleidet die Endung des Stammes einige Veränderungen. Bei den Wörtern neuerer Bildung sind die Regeln der Ableitung leicht erkennbar.

§ 24. Die auf *e*, *ero*, *iro*, *eno*, *ino* endenden Substantive sind vom Activum, dagegen die auf *ua* endenden vom Passivum abgeleitet.

Die auf *e* oder *ua* endenden Stämme können jedes beliebige Praefix annehmen. Sie sind gewissermaassen Participien, bei denen der verbale Charakter hinter dem nominalen jedoch sehr zurücktritt: *omutone* (von *tona* schlagen) der Schlagende, *omutoneua* der Geschlagene (der geschlagen wird); *omuhonge* der Lehrende (Lehrer), *omuhongeua* der Gelehrte (der gelehrt wird); *omuvatere* der Helfende (Helfer), *omuvaterua* der Geholfene (dem geholfen wird).

Wie das Wort *omutoneua* zeigt, kann mitunter der Passivendung *ua* ein *e* (in anderen Fällen ein *i*) eingeschoben werden (§ 91).

Der verbale Charakter obiger Formen tritt besonders auch darin zu Tage, dass die aktive (die auf *e*) mitunter ein Objekt haben kann, sowie dadurch, dass Activum und Passivum an ihnen unterschieden wird. Weiteres siehe § 96. 109. 110. 136.

Die auf *ero*, *iro*, *eno*, *ino* endenden Substantiva nehmen fast nur das Singularpraefix der II. Klasse (*o*), das Pluralpraefix der V. Klasse (*oma*), sowie die Praefixe der IV. Klasse (*otji*, *ovi*) an. Mit den Praefixen *o* und *oma* haben sie die Bedeutung des Verbums im Sinne des substantivischen Infinitivs activi: *ondoneno* und *omatoneno* das Schlagen;

ongamburiro und *omakamburiro* das Anfassen, das Glauben (der subjektive Glaube); *ondorero* und *omarorero* das Versuchen (die Versuchung im subjektiven Sinne). Dagegen geben die Praefixe *otji* und *ovi* den Wörtern dieser Endungen gewöhnlich eine instrumentale Bedeutung, d. h. die Gegenstände werden durch dieselben gewissermaassen zu Instrumenten: *otjikamburiro* das, womit man anfasst; *otjitjangero* (von *tjanga* schreiben) das Schreibinstrument, d. h. die Schreibtafel (wogegen *otjitjange* das Schreibende, d. h. der Griffel); *otjirondero* (von *ronda* aufsteigen) das, vermittelst dessen man hinaufsteigt, also z. B. die Leiter.

4. Nomina composita.

§ 25. Die Bildung zusammengesetzter Wörter geschieht auf verschiedene Weise:

a) Das Bestimmungswort wird zwischen das Praefix und den Stamm des Grundwortes hineingeschoben: *omuzembatima*, *omutima* (Herz) ist das Grundwort, *zemba* (vergessen) das Bestimmungswort, welches zwischen das Praefix und den Stamm des ersteren geschoben ist (*omu-zemba-tima*), vergessliches Herz, Vergesslichkeit; *omuzorondu* (*omu-zoro-ndu*) schwarzer Mensch; *omumumandu* (*omu-muma-ndu*) furchtsamer Mensch. In gleicher Weise kann das bestimmende Wort auch in jedes beliebige Wort der übrigen Klassen geschoben werden.

b) Die Konjunktion *na* (mit, d. h. mit etwas sein = haben) wird vor den Stamm des Bestimmungswortes gesetzt und dieser neuen Form wird dann das Praefix des Grundwortes als dessen einziger Vertreter praefigirt: *omunatjari* (*omu-na-tjari*), *omu* ist Praefix von *omundu*, *na* = mit, *tjari* ist Stamm von *otjari* (Gnade), also Mensch mit Gnade = Gnädiger; *omunahange* (*omu-na-hange*) Mensch mit Frieden = Friedlicher; *otjinausemba* Ding mit Geradheit, gerades Ding. Zur Bezeichnung der entgegengesetzten Bedeutung wird noch die negative Partikel *hi* nach dem Praefix eingeschoben: *omuhinatjari* Mensch nicht mit Gnade = Ungnädiger.

c) Als Composita können auch solche Bildungen betrachtet werden, bei welchen eine negative Partikel zwischen das Praefix und den Stamm eines einfachen Substantivs geschoben ist. Das geschieht besonders bei den Wörtern auf *e* und *ua* (§ 24), wobei das *e* der ersteren aber in *a* verwandelt wird: *omukambure* Gläubiger, *omuhakambura* Ungläubiger; *omutoneua* Geschlagener, einer, der geschlagen wird; *omuhatoneua* einer, der nicht geschlagen wird; *okukambura* das Glauben, der Glaube; *okuhakambura* das Nichtglauben, der Unglaube.

d) Oft recht eigentümlich und verwickelt ist die Bildung der Nomina propria, besonders der menschlichen Eigennamen, welche oft ganze Sätze darstellen: *Kakunekuao (ka ku na ekuao)* = da ist seines Gleichen; *Kahirarapi (ka hi rara pi)* = wo werde ich schlafen?
Über die drei Nomina composita *okoṇa, omoṇa, opoṇa* siehe § 167 ff.

5. Deklination.

§ 26. Eine Deklination kennt das Otjiherero nicht. Ausser den Formen für Singular und Plural besteht die einzige Veränderung, welche ein Substantiv erleiden kann, darin, dass man bei der direkten Anrede, also im Vokativ, das nominale *o* wegzulassen pflegt, ein Gebrauch, der in der eigentümlichen Bedeutung dieses *o* seine Erklärung findet.

Die Bezeichnung der Casus obliqui geschieht durch Pronomen (Genitiv), durch Praepositionen und Formen des Verbums (Dativ) und durch Stellung des Nomens im Satze (Accusativ).

§ 27. Das Otjiherero besitzt nur den possessiven Genitiv (im weiteren Sinne dieses Wortes), durch welchen ein Nomen (Nomen regens) zu einem anderen (Nomen im Genitivverhältnis) in Beziehung gesetzt wird.

Die Bezeichnung dieses Genitivs geschieht durch das § 58 dargestellte Genitivpronomen (oder Genitivpraefix). Dasselbe ist dem Praefix des Nomen regens entlehnt und zeigt die Klasse und den Numerus desselben an.

Dies Pronomen wird dem im Genitivverhältnis stehenden Nomen praefigirt, wobei entweder dessen anlautender Vokal oder das auslautende *a* des Pronomens ausgestossen wird: *omukarere uomuhona* oder *uamuhona*, zusammengezogen aus *omukarere ua omuhona* Knecht des Herrn, ebenso: *ovakarere vomuhona* oder *vamuhona* Knechte des Herrn; *onḍu jomuatje* oder *jamuatje* Schaf des Kindes, *oẓonḍu ẓomuatje* oder *ẓamuatje* Schafe des Kindes u. s. w.

Eigentlich giebt es nur den subjektiven Genitiv. Nachdem das Otjiherero Schriftsprache geworden ist, wird zwar auch der objektive Genitiv mitunter angewandt, aber nur in wenigen Fällen ist er zur Not zulässig: *ondira ja Mukuru* (Furcht Gottes) kann, streng genommen, nur die Furcht bezeichnen, welche Gott hat, nicht die Furcht vor Gott.

Dem Genitivpronomen kann auch noch das nominale *o* praefigirt werden. Dies geschieht:

a) wenn das Nomen regens nicht genannt wird. In dieser Form bildet das im Genitivverhältnis stehende Nomen dann einen Begriff, den wir nicht mit einem Worte auszudrücken vermögen: *ouomuhona* der (etwa *omukarere*) des Herrn; *otjomukarere* das (etwa *otjitjuma*) des Knechtes;

b) wenn das Nomen regens mit dem im Genitivverhältnis stehenden Nomen durch die Kopula (*ri* auch *rire* und *kara*) verbunden ist. Im Praesens wird die Kopula dann aber durch jenes *o* ersetzt: *otjihupuro otjomurumendu* die Schaufel ist des Mannes; *onḓu ojomukaẕendu* das Schaf ist der Frau. Im Praeteritum und Futurum muss die Kopula *ri* (oder *rire* oder *kara*) stehen, weil an dem *o* die Zeitformen nicht gebildet werden können: *otjihupuro tja ri otjomurumendu* die Schaufel war des Mannes; *onḓu mai rire otjomukaẕendu* das Schaf wird der Frau sein (werden).

§ 28. Beim Dativ ist zu unterscheiden zwischen dem Zweckfall (welcher angiebt, für wen, um wessentwillen etwas geschieht: ich baue dir ein Haus) und dem Gebefall (ich gebe dir; ich spreche zu dir).

Der Zweckfall wird durch die Relativform des Verbums (§ 76) ausgedrückt: *me tungire ove ondjuuo* ich baue dir ein Haus; *me ungurire ove* ich arbeite für dich, um deinetwillen.

Der Gebefall wird vornehmlich durch die Praeposition *ku* dargestellt: *me jandja kove* ich gebe dir; *me hungire kove* ich spreche zu dir.

IV. Vom Adjektiv.

§ 29. Im Otjiherero ist die Grenze zwischen Adjektiven und Substantiven nicht so scharf zu ziehen wie in unseren Sprachen. Eigentlich wäre jeder Stamm als Adjektiv zu betrachten, der das Praefix jedes beliebigen Substantivs annehmen kann, um demselben in dieser Form als Attribut beigefügt zu werden. Aber eine grosse Menge Wörter, welche nach dieser Regel eigentlich Adjektive sind, pflegt man als Substantive zu betrachten und als solche in den Wörterbüchern aufzuführen. Es sind das meist Wörter, welche überwiegend mit dem Praefix der I. Klasse als zu dieser gehörig substantivisch gebraucht werden, während sie als eigentliche Adjektive seltener vorkommen. So ist z. B. *honge* der Adjektivstamm von *omuhonge* (Lehrer). Dieser Stamm kann den Substantiven jeder Klasse mit deren Praefixen attributiv beigefügt werden: *ombara ohonge, omuti omuhonge, otjimbuke otjihonge, embo ehonge* u. s. w.

Auch *Mukuru* (eigentlich *Omukuru*), welches man für »Gott« gewählt hat, ist eigentlich nur ein Adjektiv: *omundu omukuru* alter Mensch; *onḏu onguru* altes Schaf; *omuti omukuru* alter Baum; *otjitenda otjikuru* altes Eisen u. s. w.

§ 30. Wie obige Beispiele zeigen, nimmt das Adjektiv das Praefix seines Substantivs an. Von dieser Regel giebt es aber einige Ausnahmen.

Wenn das Substantiv, welches nach seinem Praefix nicht zur I. Klasse gehört, ein menschliches Wesen bezeichnet, so pflegt das Adjektiv im Praefix mit ihm übereinzustimmen; es kann dann aber auch das Praefix der I. Klasse haben: *ombara osemba* und *omusemba* gerechter Machthaber; *omapenda* (Sing. *ependa*) *omanene* und *ovanene* grosse Helden (s. § 19 I. Klasse Anm.).

Einige Adjektive haben ihr eigenes Praefix und behalten dasselbe unter allen Umständen bei: *omundu otjingundi* schwacher Mensch, *ovandu ovingundi* schwache Menschen; *onḏu otjingundi*, *oẓondu ovingundu*; *omuti otjingundi*, *omiti ovingundi* u. s. w.

§ 31. Adjektive des Stoffes (also solche, welche den Stoff der Gegenstände bezeichnen) sind dem Otjiherero fremd. Mitunter sucht man den Begriff dadurch auszudrücken, dass man dem näher zu bezeichnenden Substantiv das Substantiv des Stoffes im Genitivverhältnis beifügt: *okati kotjitenda* Stock des Eisens, statt eiserner Stock; *otjihavero tjomuti* Stuhl des Holzes, statt hölzerner Stuhl. Dieser Gebrauch ist aber zweideutig und selten zu empfehlen.

Als eigentliche Adjektive sind zu betrachten die § 24 angegebenen Bildungen auf *e* und *ua*, sowie die Formen § 25, a, b und c.

Ausserordentlich zahlreich sind die adjektivischen Bezeichnungen für Tiere. Sie beziehen sich überwiegend auf die Farben, aber auch auf andere Eigentümlichkeiten. Statt des nominalen *o* haben sie gewöhnlich das § 14 Anm. erwähnte genau bezeichnende *i*: *ongombe imbapa* weisses Rind; *onḏu isaẓu* graurotes Schaf.

§ 32. Die Steigerung der Adjective kann durch Formen an denselben nicht bezeichnet, muss vielmehr durch Umschreibung ausgedrückt werden.

Der Komparativ wird ausgedrückt:

a) vermittelst des Verbums *kapita* (vorbeigehen): *okakambe ke kapita ongombe momasa* das Pferd ist stärker als das Rind, wörtlich: das Pferd geht am Rinde vorbei in Stärke;

b) vermittelst Praepositionen, besonders *pu* (bei) und *komeho* (vor). Bei letzterer steht das den übertroffenen Gegenstand bezeichnende Wort, wenn es folgt, immer mit dem Genitivpraefix (s. § 155 ff.): *ongue ojo onavineja pongeama* der Leopard ist schlauer als der Löwe, wörtlich: Leopard er schlau beim Löwen; *ondundu ojo onde komeho jondunda* der Berg ist höher als der Hügel, wörtlich: der Berg er hoch vor dem Hügel; *ombahe ojo onene, nondjou onene komeho* die Giraffe ist gross, aber der Elefant ist grösser.

Der verschärfende Begriff »sehr« wird vornehmlich durch das Adverb *tjinene* ausgedrückt: *ondjuuo ojo onene tjinene* das Haus ist sehr gross; *oruvio oruo orure tjinene* das Messer ist sehr lang. Ebenso wird der Begriff verstärkt durch Verdoppelung des Stammes des Adjektivs: *ondjuuo ojo onenenene* das Haus ist sehr gross; *oruvio oruo orurere* das Messer ist sehr lang.

Auch der Stamm eines eigentlichen Substantivs kann zu ähnlichem Zweck verdoppelt werden: *enga* Speer; *enganga* ein wirklicher, vorzüglicher Speer; *ongombengombe* ein wirkliches, vorzügliches Rind.

§ 33. Der Superlativ kann dargestellt werden durch Hinzufügung des die Totalität ausdrückenden Zahlwortes *he* (§ 40) zu obigen Umschreibungen des Komparativs: *ondjou ojo otjipuka otjinene pu avihe* (oder *komeho ja avihe*) der Elefant ist grösser als alle Tiere, wörtlich: ein grosses Tier bei (oder vor) allen.

Eine andere Weise, den Superlativ darzustellen ist die, dass man die participiale Form des Verbum (§ 24) *manisa* (beendigen, vernichten) dem im Superlativ darzustellenden Worte als Adjektiv folgen lässt: *ondjou ojo onene omanise* der Elefant ist der grösste: wörtlich: Elefant er gross beendigend; *ongeama ojo ondeu omanise* der Löwe ist der stärkste; *otjingoldo otjo otjiua otjimanise* das Gold ist das schönste.

Die zuletzt genannte Form für den Superlativ ist die einfachste und am genauesten bezeichnende.

V. Von den Zahlwörtern.

1. Numeralia cardinalia.

§ 34. Die Grundzahlwörter im Otiherero sind folgende: *mue* (1), *vari* (2), *tatu* (3), *ne* (4), *tano* (5), *hamboumue* (6), *hambombari* (7), *hambondatu* (8), *muviu* (9), *omurongo* (10), *esere* (100), *ejovi* (1000).

Die ersten fünf sind eigentlich nur Nominalstämme und bedürfen bei ihrer Anwendung gewisser Praefixe, welche von den § 15 behandelten Nominalpraefixen abgeleitet sind. Klasse und Numerus dieser Praefixe muss mit denen des Substantivs übereinstimmen.

Diese Numeralpraefixe entsprechen den älteren Formen des persönlichen Fürwortes (Pronomen separatûm § 46). Die wenigen und geringfügigen Abweichungen davon bedürfen keiner weiteren Erläuterung. Sie sind nach der nachstehenden Tabelle leicht zu merken.

Diese Tabelle zeigt in ihrer ersten Rubrik die Zahlen der Nominalklassen, in der zweiten und dritten den Singular und den Plural des Pronomen separatum, in den fünf übrigen die genannten fünf Zahlwörter, verbunden mit ihren auf die Nominalklassen bezogenen Praefixen.

Tabelle der Zahlwörter 1 bis 5.

Nom. Klassen	Pron. separ. Sing.	Pron. separ. Plur.	Eins	Zwei	Drei	Vier	Fünf
I	u	ve	umue	vevari	vetatu	vane	vetano
II	i	ʒe	imue	imbari	indatu	ine	indano
III	u	vi	umue	vivari	vitatu	vine	vitano
IV	tji	vi	tjimue	vivari	vitatu	vine	vitano
V	ri	e (je)	rimue	jevari	jetatu	jane	jetano
VI	ru	tu	rumue	tuvari	tutatu	tune	tutano
VII	ke	u	kemue	uvari	utatu	une	utano
VIII	u	e (je)	umue	jevari	jetatu	jane	jetano
IX	ku	e (je)	kumue	jevari	jetatu	jane	jetano

§ 35. Durch Zusammenstellung der zu Anfang von § 34 angeführten Zahlwörter werden die Bezeichnungen für alle Zahlen gebildet, ganz ähnlich wie in unseren Sprachen, jedoch kommen dabei keine Zusammensetzungen der Wörter vor.

Zu beachten ist, dass *omurongo*, *esere* und *ejovi* Substantive sind, welche als solche neben dem Singularpraefix natürlich auch ihr Pluralpraefix haben: *omurongo* ein Zehner, *omirongo vivari* zwei Zehner; *esere rimue* ein Hundert, *omasere jevari* zwei Hunderte; *ejovi rimue* ein Tausend, *omajovi jevari* zwei Tausende u. s. w.

Bei der Anwendung gehen die Tausende den Hunderten, die Hunderte den Zehnern und diese den Einern voraus: *omundu umue* ein Mensch, *ovandu vetatu* drei Menschen, *ovandu hamboumue* sechs Menschen, *ovandu omasere jane nomirongo vitano na hambombari* 457 Menschen; *ovipuka omajovi jetano nomasere jetatu nomirongo vine na vitatu* 5343 Tiere.

Den Zahlwörtern von 1 bis 10 kann zu genauerer Bezeichnung das § 14 am Ende erwähnte *i* praefigirt werden. Bei den mit *i* anlautenden wird dies dann gedehnt gesprochen und vor *omurongo* verdrängt es das *o*: *iimue, ivetano, imurongo*.

Das Zahlensystem ist gleich dem unseren ein Decimalsystem. Schwerfällig ist es nur wegen Länge der Wörter und mangelnder Kontraktionen.

Der Herero zählt an den Fingern. Die Wörter für 1 bis 5 sind einfach und werden an der linken Hand abgezählt. Dann springt man auf die rechte Hand über, was durch den ersten Teil der zusammengesetzten Wörter für 6, 7, 8 (*hamba* überspringen) angedeutet wird, und zählt nach den Fingern dieser bis 10. Mitunter wird auch noch bei *muviu* (9) das Verbum *hamba* (*hambomuviu*) vorgesetzt.

Beim Zählen ohne Rücksicht auf bestimmte Gegenstände braucht man gewöhnlich die Formen mit den Praefixen nach der II. Klasse: *imue, imbari, indatu, ine, indano*.

2. Numeralia ordinalia.

§ 36. Für die erste Ordinalzahl (der, die, das erste) besitzt die Sprache einen Adjektivstamm, nämlich *tenga*, welcher behandelt wird wie die Adjektivstämme überhaupt: *omundu omutenga* der erste Mensch, *ovandu ovatenga* die ersten Menschen; *ondu ondenga* das erste Schaf, *ozondu ozondenga* die ersten Schafe u. s. w.

Von zwei an werden die Ordnungszahlen in der Weise gebildet, dass das Pronomen separatum der bezüglichen Nominalklasse, die Silbe *tja* und die Kardinalzahl (von 1 bis 5 der Stamm derselben) zu einem Worte verbunden werden: *omundu utjavari* (*u tja vari*) der zweite Mensch, *ovandu vetjavari* (*ve tja vari*) die zweiten Menschen; *otjina tjitjatatu*; *tjitjaine, tjitjatano, tjitjahamboumue* u. s. w. Bei der vierten wird ein *i* zwischen *tja* und *ne* eingeschoben. Im übrigen ist die Bildung sehr einfach.

Auch den Ordinalzahlen kann das nominale *o* praefigirt werden: *outjavari* der zweite, *outjaine* der vierte.

Die etymologische Bedeutung dieses *tja* ist unbekannt. Man könnte geneigt sein, es als das Verbum *tja* (sagen) aufzufassen. Aber einer solchen Annahme stehen zu wichtige Gründe entgegen.

3. Numeralia determinativa.

§ 37. Unter dieser Aufschrift fassen wir hier gewisse Wörter und Sätze zusammen, welche die ungeteilte Totalität der in Rede stehenden Zahlen ausdrücken. Im Deutschen haben wir nur für »zwei« ein entsprechendes Wort, nämlich »beide«.

Das Otjiherero kann den Begriff auf zweierlei Weise ausdrücken: a) den Wörtern für zwei, drei und fünf wird ein *a* praefigirt, wodurch sie die Bedeutung beide, alle drei, alle fünf erhalten. Dabei kommen aber einige Eigentümlichkeiten vor, welche es rathsam machen, alle die Formen in einer Tabelle zu veranschaulichen:

Erste Person	*atujevari*	*atujetatu*	*atujetano*
Zweite Person	*amujevari*	*amujetatu*	*amujetano*
I. Klasse	*avevari*	*avetatu*	*avetano*
II. Klasse	*aʒembari*	*aʒendatu*	*aʒetano*
III. und IV. Klasse	*avivari*	*avitatu*	*avitano*
V., VIII., IX. Klasse	*ajevari*	*ajetatu*	*ajetano*
VI. Klasse	*atujevari*	*atujetatu*	*atujetano*
VII. Klasse	*{ auvari* / *aujevari*	*autatu* / *aujetatu*	*autano* / *aujetano*

b) die anderen Formen können bei allen Zahlwörtern angewandt werden. Es sind folgende:

Vermittelst des Nominalpraefixes *ou* wird aus dem Zahlwort (bei 2 bis 5 aus dem Stamm desselben) ein abstraktes Substantiv gebildet mit der Bedeutung Zweiheit, Dreiheit, Vierheit u. s. w. Diesem Worte wird die Praeposition *pu* (bei) praefigirt (welche dabei ihr *u* verliert). So entsteht die Form *pouvari*, *poutatu*, *poune* u. s. w., welcher das Possessivpronomen (§ 58) dieses abstrakten Substantivs (als Besitztum) und der gezählten Gegenstände (als Besitzer) folgt: *pouvari uetu* bei unserer Zweiheit, d. h. wir Beide; ebenso: *pouvari ueṇu* bei eurer Zweiheit (ihr Beide); I. *pouvari uauo* bei ihrer Zweiheit; II. *pouvari uaʒo*; III., IV. *pouvari uavio*; V., VII., VIII., IX. *pouvari uao*; VI. *pouvari uato* (die beigefügten Zahlen deuten auf die Klassen der gezählten Gegenstände): *ovitjuma via teka poutano uavio* die Gefässe sind alle fünf zerbrochen; *otuvio tua pandjara pouhamboumue uato* die Messer sind alle sechs verloren.

4. Numeralia distributiva.

§ 38. Durch Verdoppelung des Stammes der § 37,b beschriebenen abstrakten Substantive kann der Begriff zu zweien, zu dreien, zu vieren oder je zwei, drei, vier u. s. w. ausgedrückt werden. Von sechs an pflegt die Verdoppelung nicht stattzufinden. Bei vier wird auch das *u* des Praefixes wiederholt: *omuhona ua hindi ovandu pouvarivari uauo* der Herr sandte die Menschen zu je zweien; *ovakarere va peua oꝫonḓu pouneune uaꝫo* die Knechte bekamen die Schafe zu je vieren derselben (jeder bekam vier der Schafe).

Derselbe Begriff kann auch dadurch ausgedrückt werden, dass man den Grundzahlen das nominale *o* und die Praeposition *pu* (deren *u* wieder ausfällt) vorsetzt, wobei die Stämme 2 bis 5 wieder verdoppelt werden: *povevarivari, povetatutatu, povanevane* u. s. w.

5. Wiederholungszahlen.

§ 39. Zahlwörter, welche die Wiederholung der Handlung angeben, werden dadurch gebildet, dass man den Grundzahlen (bei 1 bis 5 den Stämmen derselben) das Praefix *ru* (Plur. *tu*) vorsetzt: *rumue* einmal, *tuvari* zweimal, *tutatu* dreimal u. s. w. Gewöhnlich wird *rumue* noch das nominale *o* und die Praeposition *pu* vorgesetzt (*porumue*), was bei den Pluralzahlen seltener geschieht.

Rumue wird auch für »vielleicht« gebraucht und *rumuerumue* heisst »mitunter«.

Ru ist Nominalpraefix von *oruveꝫe* (Plur. *otuveꝫe*) Zeit, Raum; *oruveꝫe rumue* eine Zeit; *otuveꝫe tuvari*.

Der Begriff erstens, zweitens, drittens u. s. w. wird von demselben Nomen regelmässig gebildet wie die Ordnungszahlen überhaupt: *orutenga, rutjavari, rutjatatu* u. s. w. Auch diesen Formen wird das nominale *o* und die Praeposition *pu* vorgesetzt, wodurch sie die Bedeutung zum ersten, zum zweiten u. s. w. erhalten.

Einige aus Zahlwörtern gebildete Adverbien siehe bei diesen (§ 163).

6. Unbestimmte Zahlwörter.

§ 40. Der Begriff ganz, jeder, alle wird dargestellt an dem Stamme *he* durch Praefigirung des Pronomen separatum mit vorgesetztem *a*: *atuhe* (*atu he*) wir alle, *amuhe* ihr alle; *omundu auhe* jeder Mensch, der ganze Mensch; *ovandu avehe* alle Menschen u. s. w.

§ 41. Der Begriff viel, viele wird auf gleiche Weise an dem Stamme *ngi* dargestellt mit dem Unterschied, dass das Pronomen separatum *o* statt *a* zum anlautenden Vokal hat: *ovandu ovengi* viele Menschen, *oꝫohiva oꝫengi* viele Flöten, *ovitjange ovingi* viele Griffel.

Die III. Klasse hat *omingi* statt *ovingi*.

Der Singular kommt vor bei abstrakten Wörtern und bei Stoffnamen mit dem Singularpraefix: *ouvara ouingi* viele Gewalt, *onjama onjingi* viel Fleisch.

Die Frage nach der Wievielheit der Gegenstände (wie viele?) wird wie folgt ausgedrückt: *ovandu ivengapi? oʒondu ingapi?* (nicht *iʒengapi*); *omiti ivingapi? oviṋa ivingapi? omambo iengapi? otuvio itungapi?*

§ 42. Der Begriff genug wird an dem Stamme *opu* gebildet, dem das Pronomen personale (§ 46) als Suffix angehängt wird, welches dabei sein initiales o abwirft: *omundu opuje* der Mensch genügt (der eine ist genügend), *ovandu opuuo* die Menschen sind genügend (es sind ihrer genug); *ombanda opujo* das Kleid genügt (sowohl es ist gross genug, als auch das eine genügt).

Diese Bildung hat zugleich die Bedeutung »es ist alle«, d. h. es ist nichts mehr da.

§ 43. Für »wenig« braucht man den Adjektivstamm *ṱiṱi*, welches in dieser Bedeutung für alle Klassen mit den Diminutivpräfixen (*oka*, *ou*) zu stehen pflegt: *onjama okaṱiṱi* wenig Fleisch, *ovandu ouṱiṱi* wenige Menschen; wogegen *ovandu ovaṱiṱi* gewöhnlich »kleine Menschen« bedeutet.

§ 44. »Einige« heisst *tjiva*, es nimmt weder Präfixe noch Affixe an und bezeichnet fast immer einige aus einer grösseren Menge: *ovandu tjiva, omeva tjiva, otuvio tjiva.*

VI. Von den Fürwörtern.

§ 45. Die pronominalen Formen sind im Otjiherero sehr zahlreich, aber mit wenigen Ausnahmen sind sie alle denselben Wurzeln entwachsen. Diese Wurzeln sind die Nominalpräfixe.

Die Pronomina sind:
1. Pronomina personalia,
2. Pronomina demonstrativa,
3. Pronomina relativa,
4. Pronomina possessiva,
5. Pronomina interrogativa,
6. Pronomina indefinita,
7. Pronomina verbalia.

§ 46. Das Entwachsensein aus den Nominalpräfixen fällt am deutlichsten ins Auge bei den hinweisenden und den zurückweisenden Fürwörtern. Dieselben lassen auch schliessen, dass der ursprüngliche Konsonant der ersten Nominalklasse ein K-Laut war.

Nachstehende Tabelle stellt die Uebereinstimmung dieser Pronomen mit den Nominalpräfixen klar vor Augen. Sie zeigt in der ersten Rubrik die Personen und Klassen, in der zweiten das Pronomen separatum, in der dritten das persönliche Fürwort, in der vierten das hinweisende, in der fünften das zurückweisende Fürwort.

Nominalpräfixe		Pronomen separatum	Pronomen personale	Pronomen demonstr.	Pronomen relativum
1. Person	Sing.	*mbi, ndji*	*ouami, ami*	*ingui*	*ngu*
	Plur.	*tu*	*oueṭe, eṭe*	*imba*	*mbu*
2. Person	Sing.	*u, ku*	*ove (oove)*	*ingui*	*ngu*
	Plur.	*mu*	*oueṇe, eṇe*	*imba*	*mbu*
I. Kl.	Sing. *omu*	*u, mu*	*oje, eje, je*	*ingui*	*ngu*
	Plur. *ova*	*ve*	*ouo, uo*	*imba*	*mbu*
II. Kl.	Sing. *o*	*i*	*ojo, jo*	*indji*	*ndji*
	Plur. *oẓo*	*ẓe*	*oẓo, ẓo*	*inḍa*	*nḍu*
III. Kl.	Sing. *omu*	*u*	*ouo, uo*	*imbui*	*mbu*
	Plur. *omi*	*vi*	*ovio, vio*	*imbi*	*mbi*
IV. Kl.	Sing. *otji*	*tji*	*otjo, tjo*	*ihi*	*tji*
	Plur. *ovi*	*vi*	*ovio, vio*	*imbi*	*mbi*
V. Kl.	Sing. *e*	*ri*	*oro, ro*	*indi*	*ndi*
	Plur. *oma*	*e (je)*	*ouo, uo*	*inga*	*ngu*
VI. Kl.	Sing. *oru*	*ru*	*oruo(oro), ro*	*indui*	*ndu*
	Plur. *otu*	*tu*	*otuo (oto), to*	*isui*	*tu*
VII. Kl.	Sing. *oka*	*ke*	*oko, ko*	*inga*	*ku*
	Plur. *ou*	*u*	*ouo, uo*	*imbui*	*mbu*
VIII. Kl.	Sing. *ou*	*u*	*ouo, uo*	*imbui*	*mbu*
	Plur. *omau*	*e (je)*	*ouo, uo*	*inga*	*ngu*
IX. Kl.	Sing. *oku*	*ku*	*okuo (oko), kuo (ko)*	*ingui*	*ku*
	Plur. *oma omaku*	*e (je)*	*ouo, uo*	*inga*	*ngu*

1. Pronomina personalia.

§ 47. Die beiden Fürwörter in der zweiten und in der dritten Rubrik wollen wir in der Weise unterscheiden, dass wir ersteres Pronomen separatum, letzteres dagegen persönliches Fürwort (Pronomen personale) nennen.

§ 48. Das Pronomen separatum steht nur noch:

1. als Verbalpronomen teils in seiner nackten Gestalt, teils mit Präfixen und Suffixen versehen; als solches ist es bei der Lehre vom Verbum zu behandeln;
2. als Objektivpronomen, als welches es immer unmittelbar vor den Stamm des Verbums tritt, während das persönliche Fürwort als Objekt stets hinter dem Verbum steht: *mave hungire ami* und *mave ndji hungire* sie sprechen von mir; *ami me isana uo* und *ami me ve isana* ich rufe sie; *ma vanga okuvatera ove* und *ma vanga okukuvatera* er will dir helfen.

In der 1. Pers. Sing., 2. Pers. Sing. und bei der I. Klasse Sing. zeigt auf der Tabelle die erste die subjektive, die andere die objektive Form des Pronomen separatum.

In Rubrik III zeigen bei den Klassen die längeren die subjektiven, die kürzeren die objektiven Formen des persönlichen Fürworts. Die in Klammer gesetzten sind abgekürzte Subjektivformen. Wenn bei der 2. Pers. Sing. das initiale *o* die Kopula vertritt, so wird es verdoppelt: *oove, ngu ue mu tono* du bist es, der ihn geschlagen hat. Bei der 1. Pers. Sing. und Plur. und der 2. Pers. Plur. steht das *u* zwischen *o* und *a* resp. *e* wohl nur aus Gründen des Wohllauts. Statt dieser verlängerten Formen *ouami, ouete, ouene* werden auch in subjektiver Bedeutung meist die kürzeren Formen gebraucht. Jene müssen aber stehen, wenn das *o* die Kopula vertreten soll. In der 3. Pers. Sing. kann neben *oje* auch *eje* stehen, wenn die Kopula gedacht ist.

§ 49. Durch Präfigirung des Adverbs *otjinga* vor das persönliche Fürwort wird eine Form gebildet, welche den Begriff »eben derselbe« oder »ein genau solcher« bezeichnet. Das auslautende *a* von *otjinga* wird dabei in den meisten Fällen in *e* verwandelt, in anderen Fällen kann es stehen bleiben oder ganz ausfallen: *otjingeami* gerade ich bin es oder: ich bin ein eben solcher; *otjingeete, otjingeove, otjingeene, otjingeje, otjingeuo, otjingejo, otjingezo* u. s. w.

Otji heisst so, *otjinga* genau so, *otjingeje* also genau so er oder: genau er.

§ 50. Ein anderes »genau« bezeichnendes Pronomen wird wie folgt gebildet. Durch Verbindung des Nominalpräfixes *oru* mit der

Präposition *pu* entsteht die Form *poru*. Derselben wird das Suffix des Possessivpronomens (s. Tabelle bei § 58 letzte Rubrik) des in Rede stehenden Gegenstandes angehängt: *poruandje* ich selbst oder: was mich betrifft; *poruetu, poruoje, poruenu, porue, poruauo, poruajo* u. s. w.

Oru bezieht sich auf *oruveze* Stelle, folglich heisst *poruandje* wörtlich »an meiner Stelle« (meinesteils).

Die Form *poruao* hat sich als Adverb in der Bedeutung »freilich«, »allerdings«, »zwar« eingebürgert.

2. Pronomina demonstrativa.

§ 51. Der hinweisenden Fürwörter gibt es vier. Sie haben alle die gleichen auf die Nominalklassen bezüglichen Stämme und werden nur durch ihre diesen Stämmen angehängten Endungen von einander unterschieden. Ihrer Bedeutung nach unterscheiden sie sich vornehmlich durch die geringere oder grössere Entfernung der Gegenstände, auf welche sie hinweisen.

§ 52. Das erste hinweisende Fürwort heisst dieser, diese, dieses und ist in der vierten Rubrik der Tabelle dargestellt. Seine Stelle hat es gewöhnlich hinter dem Nomen. Wenn es dem Nomen vorausgeht, so wird seine Bedeutung mitunter fast zu der unseres bestimmten Artikels abgeschwächt. In dieser Stellung pflegt es seinen auslautenden Vokal abzuwerfen, wogegen es in der Stellung hinter dem Nomen gewöhnlich sein initiales *i* verliert: *omundu ngui* und *ing' omundu* dieser Mensch; *ovandu mba* und *imb' ovandu* diese Menschen; *ondu ndji* und *indj' ondu* dieses Schaf; *ozondu nda* und *ind' ozondu* diese Schafe.

Wenn das persönliche Fürwort zwischen das Nomen und das hinweisende Fürwort tritt, so hat letzteres prädikative Bedeutung: *ondondu ojo ndji* dies (oder hier) ist der Fluss; *ovitjuma ovio mbi* dies (oder hier) sind die Gefässe.

Es kann auch in determinativer Bedeutung stehen: *ingui, ngua eta etemba, ua jaruka* derjenige, welcher den Wagen gebracht hat, ist wieder weggegangen.

§ 53. Das zweite hinweisende Fürwort hängt dem ersten die Silbe *ni* an, wobei sein auslautender Vokal, wenn er *a* ist, in *e* verwandelt wird: *omundu ngui, omundu nguini; ovandu mba, ovandu mbeni; ondu ndji, ondu ndjini; ozondu nda, ozondu ndeni*. Die Bedeutung ist jener, jene, jenes, d. h. es weist auf entferntere Gegenstände hin als das erste Fürwort.

§ 54. Das dritte unterscheidet sich vom zweiten in der Form nur dadurch, dass es *a* statt *i* zum auslautenden Vokal hat, und auch in der Bedeutung ist es schwer, einen greifbaren Unterschied zu finden.

§ 55. Das vierte hinweisende Fürwort unterscheidet sich von dem ersten dadurch, dass es als auslautenden Vokal ein *o* unmittelbar auf den Stammkonsonanten folgen lässt. Dabei hält aber der Pural der III. und IV. Klasse sein *i* zwischen dem Konsonanten und dem Vokal fest, und dasselbe ist als Konsonant zu betrachten: *omundu ngo, ovandu mbo, ondu ndjo, oʒondu ndo, omuti mbo, omiti mbio.*

In der Bedeutung dieses hinweisenden Fürwortes tritt das Lokale stärker hervor als in der der übrigen: *omundu ngo* Mensch, dieser hier oder der dort; *ovandu mbo* Menschen, diese hier oder die dort; *oʒondu oʒo ndo* dort sind die Schafe.

§ 56. Von allen vier hinweisenden Fürwörtern gilt, dass man zur Bezeichnung grösserer Entfernung den zunächst auf den Stammkonsonanten folgenden Vokal gedehnt spricht. Dabei wird beim ersten dieser Vokal, wenn er *a* ist, in *e* verwandelt.

3. Pronomina relativa.

§ 57. Die Form des zurückweisenden Fürwortes ist aus Rubrik V der Tabelle § 46 ohne weiteres klar. Sie kann durch Affigirung der Silbe *nga* verstärkt werden: *omundu, ngu ma hungire* der Mensch, welcher spricht; *omundu, ngunga ma hungire* eben der Mensch, welcher spricht; *ehoro, ndi mba ungura* der Eimer, den ich machte; *ehoro, ndinga mba ungura* eben der Eimer, den ich machte; *oʒondu, ndu matu risa* die Schafe, welche wir weiden; *oʒondu, ndunga matu risa* eben die Schafe, welche wir weiden.

4. Pronomina possessiva.

§ 58. Jedes besitzanzeigende Fürwort besteht begrifflich aus zwei Teilen und im Otjiherero ist das auch formell der ·Fall. Der erste Teil bezieht sich auf das Besitztum und der andere auf das Besitzende. Beide sind den Nominalpräfixen entlehnt. Den ersten Teil haben wir § 27 als Genitivpronomen kennen gelernt, und er ist auf folgender Tabelle Rubrik II dargestellt. Den andern Teil, den Vertreter des Besitzers stellt diese Tabelle in der dritten Rubrik dar. Durch diese Darstellung wird der Schüler die Formen sich leichter einprägen, als dies durch eingehende Erklärungen geschehen könnte.

Den beiden Teilen des Possessivpronomens sind in der ersten Rubrik die Nominalpräfixe vorgedruckt, um ihre Abstammung aus diesen vor Augen zu stellen. Wir unterscheiden die beiden Teile als Präfixe und Suffixe des Possessivpronomens. Für die erste und zweite Person werden die Präfixe (das Genitivpronomen) der I. Klasse gebraucht.

Die Bildung des jedesmaligen Possessivpronomens wird dem Schüler ohne grosse Mühe gelingen. Er hat nur darauf zu sehen, dass das Präfix der Klasse des Besitztums und das Suffix derjenigen des Besitzers entspricht. Wenn z. B. von dem Hunde (*ombua*) der Männer (*ovarumendu*) die Rede wäre, so müsste für den Begriff »ihr« *ja* und *uo* zu *jauo* verbunden werden. Oder wenn man von der Hürde (*otjunda*) der Ziegen (*oʒongombo*) spräche, so müsste man für »ihre« *tja* und *ʒo* zu *tjaʒo* verbinden.

Eine kleine Unregelmässigkeit findet dabei insofern statt, als das auslautende *a* des Präfixes vor *e* (*etu*, *eṉu* und *e*) wegfällt, so dass man z. B. nicht *uaetu* (*ua etu*), sondern *uetu* sagt.

Auch dem besitzanzeigenden Fürwort kann das nominale *o* präfigirt werden: *omuti ouandje* es ist mein Baum. Oder bei Weglassung des Nomens (*oruvio*): *oruandje rua pandjara* das meinige (Messer) ist verloren.

		ndje
		etu
		oje
		eṉu
omu	ua	e
ova	va	uo
o	ja	jo
oʒo	ʒa	ʒo
omu	ua	uo
omi	via	vio
otji	tja	tjo
ovi	via	vio
e	ra	ro
oma	ua	uo
oru	rua (ra)	(ruo) ro
otu	tua	(tuo) to
oka	ka	ko
ou	ua	uo
ou	ua	uo
omau	ua	uo
oku	kua	ko
oma	ua	uo

5. Pronomina interrogativa.

§ 59. Der fragenden Fürwörter gibt es vier, ihre Stämme sind: *aṉi?* wer? *ṉe?* welcher? *kuatjike?* wie beschaffen? *ke?* von welcher Art?

§ 60. *Aṉi* ist nur Stamm, die volle Form für »wer?« im Nominativ heisst *ouaṉi* (wobei das *u* wieder des Wohllauts wegen eingeschoben ist): *ouaṉi?* wer ist es? *ove ouaṉi?* wer bist du? *ami ouaṉi?* wer bin ich? Der Plural dieser Formen, sowie der Singular und Plural aller übrigen

Klassen kann nur im Genitiv ausgedrückt werden: *ovandu ovaṇi?* wessen sind die Menschen? *eṇe ovaṇi?* wessen seid ihr? *eṭe ovaṇi?* wessen sind wir? *ondjuuo ojaṇi?* wessen ist das Haus? u. s. w.

Den Unterschied in der Bedeutung der Formen mit und ohne das nominale o merke nach folgenden Beispielen: *omukarere uaṇi?* wessen Knecht? (sowol Knecht als Herr stehen in Frage); *omukarere ouaṇi?* wessen ist der Knecht? (nur der Herr steht in Frage); *mo hingi oʒongombe ʒaṇi?* wessen Ochsen treibst du? *oʒongombe oʒaṇi, ndu mo hingi?* wessen Ochsen sind es, die du treibst?

Bei den Genitivformen kann man auch beide *a* (des Stammes und des Genitivpräfixes) stehen lassen: *omukarere uaaṇi* (statt *uaṇi*).

Als Objekt (wen?) steht nur der Stamm: *mo tono aṇi?* wen schlägst du?

Genau genommen ist *ṇi* allein der Stamm und *a* Präfix. Mitunter lässt man im Sprechen den Stamm ganz weg und spricht nur das Präfix: *omukarere ngui oua?* (statt *ouaṇi*) wessen ist dieser Knecht?

Wenn man jemand nach seinem Namen fragt, so sagt man *oviaṇi?* (statt *ove ouaṇi*) wer bist du? Die Herkunft des hier eingeschobenen *i* ist unbekannt.

§ 61. Das zweite fragende Fürwort präfigirt sich das Pronomen separatum vor seinen Stamm *ṇe*: *omundu uṇe?* welcher Mensch? (wenn einer von mehreren gemeint ist), *ovandu veṇe?* welche Menschen? *onganda iṇe?* welches Dorf? *oʒonganda ʒeṇe?* welche Dörfer? *mo vanga uṇe?* welchen (Menschen) willst du? *tate ua i ku tjiṇe?* Vater ging nach welchem? (*otjirongo*). Mit dem nominalen o: *ouṇe?* welcher (ist es)? *oruṇe, ndu mo ndji pe?* welches (*oruvio*) ist es, das du mir gibst? Mit Genitivpräfixen: *ovakarere va uṇe?* Knechte welches (Menschen)? *ondjona ja iṇe?* Lamm von welchem? (*onḍu*); *ovakarere ova uṇe* die Knechte welches? oder: sind welches (Menschen)?

§ 62. Das dritte Fragepronomen *kuatjike* hat adjektive Bedeutung und wird wie die Adjektive überhaupt behandelt: *omundu omukuatjike?* welch ein Mensch (d. h. wie ist er beschaffen)? *otjiaha otjikuatjike?* welch eine Schüssel (wie ist sie beschaffen)?

Kuatjike ist zusammengesetzt aus *kua* und *tjike*. Ersteres drückt die Gleichheit oder Aehnlichkeit zweier oder mehrerer Gegenstände aus (s. § 66). *Tjike* heisst »was?«. Die beiden Teile sind ursprünglich wohl durch die Konjunktion *na* verbunden gewesen. Die buchstäbliche Bedeutung ist demnach: (es ist) gleich was? womit ist es zu vergleichen?

Die Form *katjikuatjike* wird gebraucht wie unser Dings, d. h. ein gewisser Jemand, dessen Namen man nicht weiss oder nicht sagen will.

§ 63. Das vierte fragende Fürwort ist genau genommen nur eine Partikel, nämlich *ke*. Diese wird in das Substantiv zwischen Stamm und Präfix eingeschoben, um nach Art, Gattung, Rasse, Farbe des durch dasselbe bezeichneten Gegenstandes zu fragen: *omukendu?* (*omu-ke-ndu*) was für ein Mensch? *ovakendu?* (*ova-ke-ndu*) was für Menschen? *omuketi?* (*omu-ke-ti*) was für ein Baum? (Apfelbaum, Birnbaum, Eichbaum u. s. w.), *omiketi?* was für Bäume? *ongengombe?* (*o-ngengombe*) was für ein Rind? *omukenoko?* was für Lehm?

Bei einzelnen Wörtern lässt man den Stamm mitunter ganz weg und setzt nur das Präfix desselben mit der Partikel. In diesem Falle wird das nominale *o* gewöhnlich durch *i* verdrängt, was bei der vollständigen Form selten geschieht. Bei *omundu* wird in dieser abgekürzten Form *ke* zu *nge* erweicht. Bei der abgekürzten Form muss das Substantiv genannt werden, wenn es nicht als bekannt vorausgesetzt werden kann, da man sonst nicht weiss, nach der Art welches Gegenstandes gefragt wird: (*omundu*) *imunge?* (*ovandu*) *ivange?* (*ongombe*) *inge?* (*ozongombe*) *izonge?*

Bei dem Worte *oruvio* wird die Silbe *ru* nach *ke* wiederholt: *orukeruvio* statt *orukevio?* dagegen *orukehoro?* von *oruhoro* u. s. w.

6. Pronomina indefinita.

§ 64. Die hier zu betrachtenden Wörter, bezw. Stämme sind: *orive* ein gewisser; *kuao* ein anderer, gleicher; *rue* ein anderer, ungleicher.

§ 65. *Orive* steht entweder in seiner nackten Form oder mit den Genitivpräfixen der bezüglichen Nomina. Ohne Genitivpräfixe steht es nur für die I. und II. Klasse und lautet (*omundu*) *rive*, (*ovandu*) *oorive*, (*ongombe*) *ondive* (gewöhnlich kontrahirt *ongombendive*), (*ozongombe*) *ozondive*. Die Bedeutung dieser Form ist der, die, das gewisse, bewusste.

Mit den Genitivpräfixen dagegen heisst es ein gewisser, nicht bewusster, irgend ein jemand: *omundu uorive* ein gewisser (nicht bewusster) Mensch; *ovandu vorive*, *ondjuuo jorive*, *omuti uorive*, *otjikunino tjorive* u. s. w.

Um die Unbekanntschaft oder weite Entfernung des bezüglichen Gegenstandes stärker hervorzuheben, kann zwischen den Stamm und das nominale *o* die Silbe *ha* eingeschoben werden: *omundu uoharive*, *ovandu voharive*, *otjipuka tjoharive*, *ovipuka vioharive*.

Es kann auch mit doppelten Genitivpräfixen stehen, was besonders oft geschieht, wenn das erste sich auf *otjirongo* bezieht: *omu-*

ndu uotjorive Mensch eines gewissen Ortes; *otjikunino tjotjorive* Garten eines gewissen Ortes.

§ 66. *Kuao* wird ganz wie ein eigentliches Adjektiv behandelt: *omundu omukuao* ein anderer Mensch, der dem gedachten gleichartig, zugehörig, sein Gefährte ist: *ovandu ovakuao, onganda onguao, oʒonganda oʒonguao, omuti omukuao, omiti omikuao* u. s. w. Wenn beide mit einander verglichenen oder zu einander in Beziehung gesetzte Gegenstände genannt werden, so werden sie durch die Konjunktion *na* verbunden: *omundu ngui omukuao na ami* dieser Mensch ist noch so einer wie ich, ist ein mir als Gefährte zugehöriger.

Die Bezeichnungen für die mit der ersten und zweiten Person verglichenen Gegenstände haben von der obigen abweichende Endungen: *omukuetu* mein oder unser Gefährte; *ovakuetu* meine oder unsere Gefährten; *omukueŋu* dein oder euer Gefährte; *ovakueŋu* deine oder eure Gefährten.

Kuao, kuetu, kueŋu sind Zusammensetzungen, deren erster Teil (*ku*) auf den verglichenen und deren anderer Teil auf den Gegenstand sich bezieht, womit derselbe verglichen wird.

Eigentümlich sind folgende in der Weise der Ordinalzahlen gebildete Formen: *orutjakuao* das anderemal und *porutjakuao* zum andernmal.

§ 67. *Rue* anderer, anders gearteter, nicht zugehöriger präfigirt sich das Genitivpronomen: *omundu uarue, ovandu varue, ohanda jarue, oʒohanda ʒarue, omuti uarue, omiti viarue* u. s. w. Den Unterschied in der Bedeutung dieses und des vorigen Pronomens merke nach ein paar Beispielen: *eta eue ekuao* bring noch einen (solchen) Stein (einen zu dem oder den anderen hinzu); *eta eue rarue* bring einen anderen (anders beschaffenen) Stein (statt dieses); *mba kambura omukarere omukuao* ich habe noch einen Knecht angenommen (zu dem oder den anderen hinzu); *mba kambura omukarere uarue* ich habe einen anderen (anders gearteten) Knecht angenommen (statt des vorigen).

Die Bezeichnungen für alle, viele, einige, jeder siehe bei den Zahlwörtern § 40.

Wörter für jemand, niemand, etwas, nichts, keiner, es fehlen. Zur Umschreibung ihrer Begriffe dienen oft die Wörter *koŋa, moŋa, poŋa*. Siehe § 167 ff. Auch steht *orive* (§ 65) oft für jemand.

Die näheren Bestimmungen »selbst« und »allein« werden ausgedrückt durch die Stämme *ini* und *erike*. *Ini* nimmt die Nominalpräfixe in der Weise der Adjektive an. Dabei aber ist folgendes zu merken. Wenn das Präfix auf *a* oder *o* auslautet, so verschmelzen diese Buchstaben mit dem folgenden *i* zu *e*; endet es dagegen auf *i*, so fällt dieses mit dem folgenden *i* zusammen: *omundu omuini* der Mensch selbst; *ovandu oveni* (statt *ovaini*), *ondu oini*, *oꝣondu oꝣeni* (statt *oꝣoini*), *otjihavero otjini* (statt *otjiini*), *ovihavero ovini* (statt *oviini*).

Omuini (Plur. *oveni*) steht auch als Substantiv und heisst als solches Besitzer, Eigentümer. Davon *ouini* Besitztum, Eigentum.

Erike wird für den Singular der I. Klasse in seiner nackten Form gebraucht: *ami* (*ove, eje*) *erike* ich (du, er) allein; *omundu erike* der Mensch allein.

Für den Pural der ersten und für alle anderen Klassen nimmt es Präfixe an und zwar doppelte Formen derselben: I. Plur. *averike* und *avejerike*; II. Sing. *airike* und *aijerike*, Plur. *aꝣerike* und *aꝣeerike*; III. Sing. *aurike* und *aujerike*, Plur. *ovirike* und *ovijerike*; IV. Sing. *otjirike* und *otjijerike*, Plur. *avirike* und *avijerike*; V. Sing. *aririke* und *arijerike*, Plur. *aerike* und *aejerike* und so weiter in gleicher Weise.

VII. Vom Verbum.

Allgemeines.

§ 68. Beim Verbum sind zu betrachten:

1. die vermittelst verschiedener Suffixe und eines Präfixes aus dem Verbalstamme gebildeten Verbalformen;
2. die Konjugationsformen, d. h. diejenigen Formen, durch welche die Genera, Tempora, Modi, Personen, Nominalklassen und der Numerus am Verbum bezeichnet werden.

§ 69. Der Verbalstamm war ursprünglich wohl überall zweisilbig. In den allermeisten Fällen lässt dieser Stamm sich auch jetzt noch leicht herstellen. Hier aber verstehen wir unter Verbalstamm diejenige Form, unter welcher das Verbum in den Wörterbüchern aufgeführt wird mit Weglassung des auslautenden Vokals, welcher immer *a* ist. Dieser Stamm mit dem *a* ist der Singular des positiven Imperativs. Wenn man diesem Stamme das Präfix *oku* vorsetzt, so erhält man den Infinitiv.

§ 70. Die Verba sind zu teilen in:

a) primitive. Dieselben sind mit wenigen Ausnahmen zweisilbig und enthalten den Grundbegriff des Verbums in transitiver oder intransitiver Bedeutung;

b) derivative, d. h. solche, welche vermittelst gewisser Suffixe und eines Präfixes aus den primitiven gebildet sind;

c) denominative. Sie werden vermittelst des Suffixes *para* aus Nominalstämmen gebildet.

A. Die Verbalformen.
1. Grundform und abgeleitete Formen.

§ 71. Unter Verbalformen sind zu verstehen die Form des primitiven Verbums und sieben abgeleitete Formen.

Die Bezeichnung Verbalformen ist durch HAHN's Grammatik des Otjiherero in diese Sprache eingeführt. Obwol dieselbe nicht ganz befriedigt, behalten wir sie bei, weil von den anderen vorgeschlagenen Benennungen wie Klassen, Genera, Species u. s. w. sich keine besser zu empfehlen scheint.

§ 72. Die primitive stellt die Grundform des Verbums dar. Sie ist zweisilbig und hat vokalharmonischen Auslaut.

Unter vokalharmonischem Auslaut verstehen wir hier, dass im Präsens, Futurum, Imperfectum und historischen Aorist des Activums der auslautende Vokal dem zunächst vorausgehenden gleich ist.

Einige wenige zweisilbige Verben, welche nicht vokalharmonisch auslauten, aber doch als primitive betrachtet werden müssen, wie *toṇa*, *hora*, *kuta*, *tura*, *puka*, muss der Schüler sich als Ausnahmen merken.

Nur einige wenige Verben sind einsilbig.. Auch sie waren, wenigstens der Mehrzahl nach, ursprünglich zweisilbig.

§ 73. Einige Verba, deren Grundform nicht mehr vorhanden ist, haben in der abgeleiteten Form die Bedeutung der Grundform angenommen.

§ 74. Jede abgeleitete Form wird in der Konjugation als besonderes Verbum behandelt ebenso wie die Grundform.

Die Silben, durch welche die Verbalformen gebildet werden, lassen sich in zwei Hauptgruppen teilen, zwischen denen ein durchgreifender Unterschied besteht. Während nämlich die der einen Kategorie sich an jeden beliebigen Stamm anfügen lassen, kann das mit denen der anderen Kategorie nur an solchen Stämmen geschehen, für welche sie sich eingebürgert haben und mit welchen sie oft unzertrennlich verwachsen sind.

§ 75. Die sieben abgeleiteten Formen sind: eine relative, zwei kausative, eine reciprokale, zwei inversive und eine reflexive Form.

2. Die Relativform.

§ 76. Die Relativform wird gebildet durch die Suffixe *era*, *ira*, *ena*, *ina*. Wenn der dem Suffix zunächst vorausgehende Konsonant *m* oder *n* ist, so treten die Suffixe mit *m* oder *n* ein, in allen anderen Fällen diejenigen mit *r*. Bezüglich des anlautenden Vokals des Suffixes gilt folgende Regel. Wenn der zunächst vorausgehende Vokal *a*, *e* oder *o* ist, so lautet das Suffix *ena* oder *era*, ist derselbe aber *i* oder *u*, so lautet es *ina* oder *ira*: *tjanga*, *tjangera*; *tona*, *tonena*; *suta*, *sutira*.

Das durch diese Suffixe geschaffene Verbum lautet überall auf *e* aus, wo nach § 72 Anm. die Grundform vokalharmonisch auslautet.

§ 77. Diese Form des Verbums zeigt an, dass die Handlung oder das Leiden für jemand, um jemandes willen, anstatt oder wegen jemandes u. s. w. geschieht: *me tjangere ove ombrive* ich schreibe für dich einen Brief; *omuhona ma sutire omukarere ondjo* der Herr bezahlt für den Knecht die Schuld; *ovanatje ve njandera oʒombanda oʒombua* die Kinder freuen sich der schönen Kleider.

Diese Form steht demnach vornehmlich da, wo wir dem Verbum einen Dativ oder Genitiv (als Objekt) folgen lassen.

Diese Form kann aus jeder anderen des Verbums gebildet werden.

Diese Suffixe können auch verdoppelt, ja mehrfach verdoppelt werden: *tona*, *tonena*, *tonenena*; *ṯa*, *ṯira*, *ṯirira*, *ṯiririra*. Bei der Verdoppelung wird in einzelnen Fällen die Bedeutung nicht verändert, in anderen wird dadurch eine Absichtlichkeit, Unabsichtlichkeit, Zufälligkeit, Intensität der Handlung angedeutet. Auch ein fortdauerndes Handeln, einen fortdauernden Zustand bezeichnet diese verdoppelte Form: *ma hongerere* (von *honga*) er lehrt immerwährend; *mave karerere* (von *kara*) sie bleiben für immer; *nambano mo riririre* (von *rira* werden) *omupate uovandu* von jetzt an wirst du Menschenfischer sein. Vergl. § 226. 227.

Mit nachfolgendem *tjike* heisst diese Form weshalb (wegen was): *mo tjitire tjike?* weshalb thust du (es)? Mit nachfolgendem *uina* hat sie die Bedeutung »absichtlich«: *mo tjitire uina* du thust (es) absichtlich.

3. Die Kausativform auf *isa*.

§ 78. Es gibt zwei kausative Formen. Die eine endet auf *isa*, die andere auf *eka* und *ika*.

§ 79. Die Kausativform auf *isa* drückt ein Veranlassen, Verursachen der Handlung oder des Zustandes aus: *me tungu ondjuuo* ich baue ein Haus; *me ku tungisa ondjuuo* ich veranlasse dich, ein Haus zu bauen; *omuatje ua rara* das Kind schläft (ist eingeschlafen); *ina ua rarisa omuatje* die Mutter hat das Kind schlafen gemacht.

§ 80. Der Natur der Sache nach sind bei dieser und der folgenden Form zwei Subjekte als thätig zu denken; das eine verursacht das andere, die Handlung zu thun. Aber nicht in allen Fällen ist bei der Form auf *isa* das erste Subjekt wirklich thätig: *omurumendu ua pandjarisa ondu* heisst wörtlich: der Mann hat ein Schaf veranlasst, verloren zu gehen; aber sehr oft meint man mit diesem Satze, dass einem ein Schaf verloren gegangen ist (ohne dass man dabei thätig war); *ongombe ja ʒepaisa ondana* bedeutet: der Kuh ist das Kalb abgestorben, wörtlich: die Kuh hat das Kalb veranlasst zu töten.

Das Verbum *ʒepa* hält, wie dies Beispiel zeigt, sein auslautendes *a* vor *isa* fest.

Einige wenige Verben haben das Suffix *iʒa* teils statt, teils neben *isa*: *haha* geschmacklos sein; *hahisa* geschmacklos machen; *rihahisa* sich geschmacklos machen; *rihahiʒa* sich (in Gefahr) selbst aufgeben, d. h. verzweifeln. Ein durchgreifender Unterschied in der Bedeutung von *isa* und *iʒa* lässt sich nicht durchführen.

4. Die Kausativform auf *eka* und *ika*.

§ 81. Bezüglich der anlautenden Vokale dieser Suffixe, ob *e* oder *i*, gilt die § 76 gegebene Regel, ebenso das dort über den auslautenden Vokal Gesagte: *rara, rareka; ronda, rondeka; tura, turika; pama, pameka*.

§ 82. In der Bedeutung unterscheidet diese Form sich von der auf *isa* dadurch, dass die Thätigkeit des ersten Subjekts vor der des zweiten mehr hervortritt, während es bei der auf *isa* umgekehrt ist: *ronda* hinaufsteigen; *rondisa* veranlassen hinaufzusteigen; *rondeka* hinaufbefördern, hinaufschieben, hinauftragen.

§ 83. Während *isa* jedem Verbum angehängt werden kann, um ihm die kausative Bedeutung zu geben, sind *eka* und *ika* nur bei wenigen und zwar meist intransitiven Verben zu gebrauchen, mit denen sie öfter unzertrennlich verbunden sind, so dass die Grundform nicht mehr im Gebrauch ist oder, wo sie besteht, eine wesentlich andere Bedeutung hat als die Grundbedeutung derjenigen auf *eka* und *ika*.

Verben auf *eka* und *ika*, deren Grundform nicht mehr vorhanden ist, haben die kausative Bedeutung entweder ganz abgelegt oder dieselbe tritt wenigstens in den Hintergrund: *pandeka* anbinden; *turika* aufhängen; *horeka* verbergen; *vareka* bezeichnen (als künftiges Eigentum, als Frau in spe, also verloben).

5. Die Reciprokalform.

§ 84. Die reciproke Form (die Gegenseitigkeit der Handlung bezeichnend und im Deutschen durch »einander« ausgedrückt) setzt *asana*, seltener bloss *ana* an den Stamm des Verbums. Das Gesetz der Vokalharmonie übt keinen Einfluss auf dieses Suffix: *muna* sehen, *munasana* einander sehen; *hinda* senden, *hindasana* einander senden; *jumba* werfen, *jumbana* (neben *jumbasana*) einander werfen.

Mehrsilbige auf *na* endende Verben stossen diese Endung vor dem Suffix ab: *patana* leugnen, *patasana* Wortstreit mit einander führen; *isana* rufen, *isasana* einander rufen (letzteres Wort heisst auch einander verlassen, von *isa*).

Asana scheint eine Zusammensetzung des kausativen Suffixes *isa* mit der Konjunktion *na* (mit) zu sein.

Obwol der Reciprok begrifflich zwei handelnde Personen begreift, kann er mitunter doch auch von einer ausgesagt werden: *ma tonasana na je* er schlägt einander mit ihm (sie schlagen einander); *mba munasana nongeama* ich sah einander mit einem Löwen (der Löwe und ich sahen einander).

6. Die transitive Inversivform.

§ 85. Es gibt zwei inversive Formen, welche sich in der Bedeutung nur dadurch von einander unterscheiden, dass die eine transitiv, die andere intransitiv ist. Bei beiden bleibt die Vokalharmonie unberücksichtigt.

§ 86. Die transitive Inversivform wird gebildet durch die Suffixe *ura, ora, uʒa, oʒa, una, ona* und die Verdoppelungen *urura, orora, ununa, onona*.

Die durchgreifende Bedeutung des Verbums mit diesen Suffixen ist inversiv, d. h. sie heben den durch die Grundform des Verbums geschaffenen Zustand auf. Dies tritt am deutlichsten hervor bei den Formen *ura* und *urura*: *kuta* binden, *kutura* entbinden, lösen; *pata* schliessen, *paturura* aufschliessen, öffnen; *huha* bezaubern, *huhura* entzaubern; *ja* kommen, *jarura* zurückführen, wieder wegbringen.

Aber nicht in allen Fällen tritt die inversive Bedeutung so deutlich zutage. Bei einzelnen Verben ist sie iterativ, bei anderen intensiv u. s. w.: *tunga* bauen, *tungurura* umbauen, d. h. abbrechen und wieder aufbauen; *koha* waschen, *kohora* rein, gründlich waschen.

Die obigen Suffixe sind hier als zu einer Verbalform gehörig zusammengefasst, weil ein durchgreifender Unterschied in der Bedeutung, auf Grund dessen sie in zwei oder mehr Verbalformen hätten geteilt werden können, nicht aufzufinden war. Sie können nur einer beschränkten Zahl von Verben angehängt werden, deren jedes sich ein bestimmtes dieser Suffixe angeeignet hat. Oft ist die Grundform verloren gegangen, in welchem Falle die inversive Bedeutung des Suffixes nicht mehr oder nur schwach hervortritt: *kambura* anfassen, glauben; *topora* durchbohren.

Es giebt eine Reihe von Verben mit diesen Suffixen, deren Bedeutung kaum noch an diesen Ursprung erinnert: *ʒuva* hören; *ʒuvara* hörbar werden, sich hörbar machen; *ʒunda* verderben, zerstören; *ʒundara* zerstört werden; *rimba* zerstreuen; *rimbara* zerstreut werden. Es ist aber möglich, dass diese Verben nicht hierher, sondern unter die Denominativa (§ 89) zu rechnen sind, da das Suffix *ara* eine Abkürzung von *para* sein könnte.

7. Die intransitive Inversivform.

§ 87. Die Suffixe der intransitiven Inversivform sind: *uka* (entspr. den trans. *ura, uʒa, una*), *oka* (entspr. den trans. *ora, oʒa, ona*), *uruka* (trans. *urura, ununa*), *oroka* (trans. *orora, onona*).

Bezüglich der Bedeutung gilt von dieser Form als intransitiv alles, was von der vorigen als transitiv gesagt ist: *kutura* lösen, *kutuka* losgehen, sich lösen, gelöst werden; *paturura* öffnen, *paturuka* aufgehen, sich öffnen, geöffnet werden.

Hier mögen auch ein paar intransitive Verben auf *ika* erwähnt werden, weil sie ihrer Bedeutung nach hierher zu rechnen sind: *haṇa* zerstreuen, *haṇika* zerstreut sein; *muna* sehen, *munika* gesehen werden, erscheinen, gefunden werden.

8. Die Reflexivform.

§ 88. Die Reflexivform wird gebildet durch das Präfix *ri*, welches jedem transitiven Verbum vorgesetzt werden kann: *tona* schlagen, *ritona* sich schlagen; *tanga* loben, *ritanga* sich loben; *jendisa* gehen machen, *rijendisa* sich gehen machen.

Eigentlich ist dies keine besondere Verbalform im Sinne der obigen. Das Präfix *ri* ist nämlich Objektivpronomen der handelnden Person. Es kann deshalb überall stehen, wo das Pronomen separatum als Objekt stehen kann, und übt auf das etwa vorausgehende *a* den gleichen Einfluss wie dieses (§ 108 am Ende).

In einzelnen Fällen kann dies *ri* auch bei der intransitiven Form des Verbums stehen, in welchem Falle die Grundbedeutung des Verbums verändert wird: *tupuka* laufen; *tupukisa* laufen machen; *ritupukisa* sich laufen machen; *ritupuka* früh morgens etwas thun; *eje ue ritupuka okuungura* er begann früh morgens zu arbeiten.

Ein Beispiel möge zeigen, wie durch die verschiedenen Präfixe und ihre Verbindungen die Grundbedeutung des Verbums verändert wird: *kuta* binden; *kutisa* veranlassen zu binden; *kutisira* veranlassen, für jemand zu binden; *rikutisira* sich veranlassen, für jemand zu binden u. s. w.

9. Die denominativen Verben.

§ 89. Denominative Verben sind solche, welche vermittelst des Suffixes *para* aus gewissen Nominalstämmen gebildet werden, um den nominalen Begriff durch verbale Formen auszudrücken: *ʒeu* stark, *ʒeupara* stark sein; *nene* gross, *nenepara* gross sein; *koʒu* sanftmütig, *koʒupara* sanftmütig sein.

Aus dieser Verbalform können dann wieder abgeleitete Formen gebildet werden: *ʒeupara* stark sein, *ʒeuparisa* stark machen (stärken), *riʒeuparisa* sich stärken, *ʒeuparisira* für jemand stärken u. s. w.

Supi (kurz) bildet *susupara* statt *supipara*; *hipa* (närrisch) *hipara* statt *hipapara*; *ʒandu* (jung) *ʒandupa* statt *ʒandupara*.

B. Die Konjugationsformen.

1. Begriff der Konjugationsformen.

§ 90. Abgesehen von den bereits betrachteten Formen des Verbums weist dasselbe eine grosse Fülle eigentlicher Konjugationsformen auf. Diese Formenfülle ist bedingt durch die achtzehn Nominalpräfixe, durch sieben Tempus- und zwei Modusformen. Weil aber alle Verben nach derselben Konjugation gehen und weil es nur wenige Abweichungen von den meist einfachen Regeln gibt, so ist es leichter, sich die Konjugationsformen des Otjiherero richtig anzueignen als in manchen Sprachen mit viel wenigeren Formen der Konjugation.

2. Genera Verbi.

§ 91. Als Genera Verbi sind nur das Activum und Passivum zu unterscheiden. Das Passivum unterscheidet sich dadurch vom Activum, dass es überall da auf *ua* endet, wo nicht das Tempus (Plusquamperfectum) oder der Modus (Jussiv und Optativ) unter allen Umständen ein *e* als auslautenden Vokal fordert: *mbi tona* ich schlage, *mbi tonua* ich werde geschlagen, *me tono* ich schlage, *me tonua* ich werde geschlagen; dagegen: *mba tonene* ich hatte geschlagen, *mba tonenue* ich war geschlagen worden, *nge tone* ich soll schlagen, *nge tonue* ich soll geschlagen werden. Vor der Passivendung kann ein *i* (wenn der vorhergehende Vokal *i* oder *u* ist) oder ein *e* (wenn derselbe *a, e* oder *o* ist) eingeschoben werden: *me hindiua, me toneua, nge toneue* u. s. w.

§ 92. In manchen Fällen drückt die Passivform nicht ein eigentliches Leiden aus. Dies gilt besonders auch von der Relativform, z. B.: *me tuererua otjikunino* der Garten wird mir (für mich) gegraben, *me koherua ozombanda* die Kleider werden mir (für mich) gewaschen.

§ 93. Auch einige intransitive Verben bilden die passive Form: *ondu ja munika* das Schaf ist erschienen (gefunden, gesehen), *ondu ja munikua i ami* das Schaf ist von mir gesehen (gefunden) worden.

Besonders zu merken ist der Gebrauch des Verbums *pa* (geben). Wenn dasselbe mit der passiven Endung steht, so ist sein Subjekt gewöhnlich nicht der gegebene, sondern derjenige Gegenstand, welchem gegeben wird. Der Herero gebraucht hier also den Nominativ, wo wir den Dativ setzen würden: *omukarere ua peua* dem Knechte ist gegeben, nicht: der Knecht ist gegeben.

3. Infinitiv.

§ 94. Der Infinitiv ist der Verbalstamm mit dem Präfix *oku* und dem auslautenden *a*: *okutanga* loben, *okuhinga* treiben, *okuhungira* sprechen (besprechen), *okutangua* (*okutangeua*) gelobt werden, *okuhungirua* besprochen werden.

§ 95. Der Form nach ist der Infinitiv ein eigentliches Substantiv und auch seiner Bedeutung nach kann er überall als solches aufgefasst werden.

4. Participium.

§ 96. Ein eigentliches Participium, d. h. eine Form, welche Nomen und Verbum zugleich ist, fehlt. Eine Nominalform mit verbaler Nebenbedeutung haben wir § 24 kennen gelernt, eine verbale Form mit nominaler Nebenbedeutung werden wir § 109 und eine weitere § 136 kennen lernen.

5. Imperativ.

§ 97. Der Imperativ hat nur für den Affirmativ der 2. Pers. Sing. und Plur. besondere Formen. Die anderen Formen sind dem Jussiv (§ 129 ff.) entlehnt.

§ 98. Der Singular des affirmativen Imperativs activi der zweiten Person ist der Verbalstamm mit auslautendem *a*, oder, was dasselbe heisst, der Infinitiv mit Weglassung seines Nominalpräfixes *oku*: *hinga* treibe, *rihonga* lerne, *kurama* siehe. Der Plural setzt *eje* (gewöhnlich in *ee* d. h. langes *e* verkürzt) an die Stelle des auslautenden *a*: *hingeje* (*hingee*) treibet, *rihongeje* (*rihongee*) lernet.

Das Passivum schiebt *u* vor obige Endungen ein: *hingua* werde getrieben, *hingueje* werdet getrieben.

§ 99. Die dem Jussiv entlehnten Präfixe des negativen Imperativs der zweiten Person sind *o* für den Singular und *amu* für den Plural. Das Verbum hat, wie beim Negativ des Jussivs überhaupt, vokalharmonischen Auslaut: *o riri* weine nicht, *o tungu* baue nicht, *amu riri* weinet nicht, *amu tungu* bauet nicht.

Das Passivum des Negativs endet auf *ua*: *o rambua* werde nicht vertrieben, *o hungirua* werde nicht besprochen, *amu rambua* werdet nicht vertrieben.

Der negative Imperativ kann, wie der Negativ überhaupt, durch die nachfolgende Partikel *ko* verstärkt werden: *o mumapara ko* werde nicht mutlos, *amu mumapara ko* werdet nicht mutlos.

Unter vokalharmonischem Auslaut verstehen wir bei der Konjugation, dass das primitive Verbum in dem vorliegenden Falle vokalharmonisch auslautet (vergl. § 72 Anm.).

Ueber den Einfluss der Partikel *ka* auf den Auslaut des Imperativs siehe § 144. 145.

Ueber den Imperativ des Verbums *ja* (kommen und gehen) siehe § 151. Das Verbum *tja* (sagen) präfigirt dem positiven Imperativ ein *i*: *itja* sage, *itjee* saget.

6. Formen der Tempora und Modi.

§ 100. Im Otjiherero gehen nicht, wie beispielsweise im Deutschen, besondere Formen für den Indikativ und Konjunktiv neben einander her. Ein Konjunktiv in unserem Sinne ist überhaupt nicht vorhanden. Da, wo man im Deutschen den Konjunktiv setzt, also besonders in Sätzen mit subjunktiver, konditionaler oder potentionaler Bedeutung, steht im Otjiherero gewöhnlich die indikative Form.

§ 101. Bei den meisten Formen ist die Zeitbestimmung vorherrschend, weshalb wir sie als Tempora bezeichnen. Daneben gibt es zwei Formen, bei denen die Aussageweise vorwiegt und welche wir deshalb Modi nennen wollen. Jene und diese zusammen aber bezeichnen wir als Konjugationsformen.

Zum Unterschied von den beiden Modusformen werden wir die Temporalformen gelegentlich auch als Indicativa bezeichnen.

§ 102. Der Konjugationsformen sind neun, nämlich sieben Tempora und zwei Modi:

1. Participialer Aorist
2. Historischer Aorist
3. Präsens
4. Futurum } Tempora
5. Imperfectum
6. Perfectum
7. Plusquamperfectum
8. Jussiv } Modi.
9. Optativ

§ 103. In jeder Form muss die Nominalklasse, die Person, die Zahl, das Tempus und der Modus des Subjekts bezeichnet sein. Diese Bezeichnung geschieht durch Veränderungen teils am Verbum, teils am Verbalpronomen.

§ 104. Durch Veränderungen am Verbum selbst können nur das Tempus und der Modus und auch diese nur sehr mangelhaft bezeichnet werden.

Die genaueren Bezeichnungen geschehen durch Bildungen an dem Verbalpronomen, welches wir deshalb jetzt zunächst kennen lernen müssen.

§ 105. Der wesentliche Teil, der Stamm, des Verbalpronomens ist das § 46 dargestellte Pronomen separatum, an welchem durch Praeformative und Afformative die § 103 erwähnten Bezeichnungen zum Ausdruck kommen.

§ 106. Das Verbalpronomen hat also die gleiche grammatische Bedeutung wie im Deutschen die Flexionsendungen des Verbums, es ist jedoch noch nicht wie diese mit dem Stamm desselben untrennbar zusammengewachsen und wird aus praktischen Gründen auch nicht mit dem Stamm des Verbums zu einem Worte zusammengeschrieben.

Der Schüler präge sich das Pronomen separatum genau ein, so werden die folgenden Darlegungen ihm leicht verständlich werden. Zu beachten ist jedoch, dass die 1. und 2. Person und die I. Nominalklasse der 3. Person vielfach kontrahirt sind und dass im Singular der 1. Person das k des Negativs zu h erweicht wird. Diese Formen müssen deshalb bei jeder Konjugationsform besonders aufgeführt werden, damit der Schüler sie sich merken kann. Eine eingehende Erläuterung dieser Kontraktionen hätte für den Lernenden wenig praktischen Wert und würde zu viel Raum wegnehmen; wir werden dieselben deshalb im einzelnen nicht erklären.

§ 107. Die Formen des Verbalpronomens betreffend gelten im allgemeinen folgende Regeln:

Die nackte Form des Pronomen separatum als Verbalpronomen ist zeitlich völlig unbegrenzt, Präformative geben ihm eine futurale, Afformative eine präteritale Bedeutung.

§ 108. Nicht jedem Positiv geht ein genau entsprechender Negativ zur Seite. Wir setzen aber in solchem Falle, wo ein genau entsprechender Negativ fehlt, den am nächsten entsprechenden neben den Positiv.

Das Passivum kann im Nachfolgenden unberücksichtigt bleiben, weil es nach der § 98 gegebenen einfachen Regel vom Activum vom Schüler selbst gebildet werden kann.

Dem Lernenden ist dringend zu raten, jede der folgenden Regeln mit der Tabelle S. 37 genau zu vergleichen.

Wie die Tabelle (S. 37) zeigt, beginnen in fast allen Tempora (sofern die Form nicht nach § 106 Anm. kontrahirt ist) die negativen Formen mit dem harten Konsonanten *k*. Dieser Konsonant wird im Satze in folgenden Fällen zu *h* erweicht:

1. überall nach einem Relativpronomen: *omundu ka hungire* der Mensch spricht nicht; *omundu, ngu ha hungire* der Mensch, welcher nicht spricht;

2. überall nach der Konjunktion *tji*: *omundu tj' e ha hungire* wenn der Mensch nicht spricht; *orondu omundu tj' e ha hungire* weil der Mensch nicht spricht;

3. überall nach *tjinga*, wenn es »weil« (nicht »noch«) bedeutet: *omundu tjing' e ha hungire* weil der Mensch nicht spricht (dagegen: *omundu tjinga kea hungira* der Mensch spricht noch nicht);

4. gewöhnlich nach *ngunda* (= *nganda*) und *tjandje*: *ngund' e ha hungire* während er nicht sprach; *tjandj' e hia hungira* als er noch nicht sprach; dagegen: *ngunda ka hungire* währenddessen sprach er nicht; *tjandje kea hungira* damals sprach er noch nicht.

Zu beachten ist ferner, dass in allen Fällen, wo das Verbalpronomen, ob negativ oder positiv, auf *a* auslautet, dieses in *e* verwandelt wird, wenn das Pronomen separatum zwischen dasselbe und das Verbum tritt: *eje ma tono* er schlägt; *eje me ku tono* er schlägt dich.

§ 109. Der participiale Aorist hat als Verbalpronomen die nackte Form des Pronomen separatum. Das Verbum lautet auf *a* aus.

§ 110. Die Bedeutung ist zeitlich völlig unbegrenzt. Nicht eine einzelne Handlung, sondern ein fortwährendes Thun, einen Gebrauch, eine Gewohnheit, eine Fähigkeit, einen bleibenden Zustand drückt diese Form aus: *mbi hungira, mbi honga, mbi suta, mbi ungura* ich

Formen des Verbalpronomens

Namen der Tempora und Modi	Personen				Klassen der 3. Person					Endungen des Verbums
	1. Person		2. Person		I. Klasse		II. Klasse		u.s.w.	
	Sing.	Plur.	Sing.	Plur.	Sing.	Plur.	Sing.	Plur.		
Part. Aorist	(ndji) mbi	tu	u	mu	u	ve	i	ʒe	»	a
Negativ	hi	katu	ko	kamu	ka	kave	kai	kaʒe	»	a, e, i, o, u
Hist. Aorist	e	atu	o	amu	a	ave	ai	aʒe	»	a, e, i, o, u
Negativ	e ha	atu ha	o ha	amu ha	a ha	ave ha	ai ha	aʒe ha	»	a, e, i, o, u
Präsens	me	matu	mo	mamu	ma	mave	mai	maʒe	»	a, e, i, o, u
Negativ	hi naku	katu naku	ko naku	kamu naku	ke naku	kave naku	kai naku	kaʒe naku	»	a
Futurum	mee	maatu	moo	maamu	maa	maave	maai	maaʒe	»	a, e, i, o, u
Negativ	himee	kamaatu	komoo	kamaamu	kamaa	kamaave	kamaai	kamaaʒe	»	a, e, i, o, u
Imperfectum	mba	tua	ua	mua	ua	va	ja	ʒa	»	a, e, i, o, u
Negativ	hie	kaatu	koo	kaamu	kaa	kaave	kaai	kaaʒe	»	a, e, i, o, u
Perfectum	mba	tua	ua	mua	ua	va	ja	ʒa	»	a, e, i, o, u
Negativ	hi	katu	ko	kamu	ka	kave	kai	kaʒe	»	a
Plusquamperf.	mba	tua	ua	mua	ua	va	ja	ʒa	»	ere, ene, ire, ine
Negativ	himba	katua	koua	kamua	kana	kava	kaja	kaʒa	»	ere, ene, ire, ine
Jussiv	nge	ngatu	ngo	ngamu	ngа	ngave	ngai	ngaʒe	»	ere, ene, ire, ine
Negativ	ee	aatu	oo	aamu	aa	aave	aai	aaʒe	»	e
Optativ	mbi	tu	u	mu	a	ve	i	ʒe	»	e
Negativ	e ha	atu ha	o ha	amu ha	a ha	ove ha	ai ha	aʒe ha	»	a, e, i, o, u

bin ein Redender, Lehrender, Bezahlender, Arbeitender. Der Bedeutung nach ist diese Form also participial und entspricht insofern den § 24 angeführten nominalen Formen.

§ 111. Für die 1. Pers. Sing. hat das Pronomen separatum zwei Formen, nämlich *mbi* und *ndji*. Erstere wird fast ausschliesslich als Verbpronomen, letztere als Objektivpronomen gebraucht und dem Anfänger ist zu raten, sie ausschliesslich so zu gebrauchen, was in keinem Falle ein Fehler ist.

§ 112. Der Negativ präfigirt dem Pronomen separatum die Partikel *ka*, und das Verbum hat vokalharmonischen Auslaut: *hi hongo* ich lehre nicht (bin kein Lehrender, Lehrer); *katu hingi* wir treiben nicht; *ko sutu* du bezahlst nicht; *kamu jandja* ihr gebet nicht.

§ 113. Der historische Aorist präfigirt dem Pronomen separatum ein *a*; das Verbum lautet vokalharmonisch aus. Auch diese Form ist wie die vorige zeitlich unbestimmt. Obwohl ihre nächste Bedeutung präterital ist, kann sie sich doch auch auf Gegenwart und Zukunft beziehen. Vom participialen Aorist unterscheidet sie sich aber wesentlich dadurch, dass sie sich auf eine bestimmte, zeitlich begrenzte Handlung bezieht. Sie steht ganz besonders in zusammengezogenen Sätzen mit gemeinschaftlichem Subjekt und verschiedenen Verben. Das erste dieser Verben gehört dann einer bestimmteren Zeitform an und ist zeitlich bestimmend für die nachfolgenden Verben im historischen Aorist: *muhuka mee kotoka n' e tungu ondjuuo* morgen werde ich zurückkommen und das Haus bauen; *omuhona ua kotokere, a hiti monganda n' a munu omundu omupotu pomuvero* der Herr war zurückgekehrt, in das Dorf gegangen und hatte einen blinden Menschen bei der Pforte gesehen.

§ 114. Der Negativ unterscheidet sich dadurch von dem Positiv, dass er die negative Partikel *ha* (erweicht aus *ka*) zwischen das Verbalpronomen und das Verbum einschiebt: *omuhona ua kotokere n' a ha hiti monganda* der Herr war zurückgekehrt und nicht in das Dorf gegangen.

§ 115. Das Präsens setzt ein *m* vor die Form des historischen Aorist. Das Verbum lautet vokalharmonisch aus: *me hongo* ich lehre; *mo sutu* du bezahlst; *ma riri* er weint.

Diese Form wird ähnlich wie das deutsche Präsens, aber noch weit öfter, auch für die zukünftige Zeit gebraucht: *muhuka mave hupura ondjombo* morgen graben sie einen Brunnen. Siehe Futurum.

§ 116. Der diesem Tempus der Bedeutung nach am meisten entsprechende Negativ hat keine formelle Verwandtschaft mit demselben.

Er wird gebildet durch das negative Verbalpronomen des participialen Aorist, dem das Verbum im Infinitiv mit der Konjunktion *na* folgt: *hi nakusora* ich kann nicht; *kave nakuungura* sie arbeiten nicht; *oʒongombe kaʒe nakunana* die Rinder ziehen nicht; *ondjira kai nakumunika* der Weg erscheint nicht (ist nicht sichtbar).

Genau genommen ist auch hier der Infinitiv als Substantiv zu fassen, dessen Besitz verneint wird: ich habe kein Können; sie haben kein Arbeiten u. s. w. Daraus erklärt sich, dass diese Form auch für den Negativ des participialen Aorist oft gebraucht wird.

§ 117. Das Futurum unterscheidet sich in der Form nur dadurch vom Präsens, dass es den Vokal des Präformativs beim Verbalpronomen verdoppelt: *mee hongo*, *maatu hingi*, *moo tono*, *maamu sutu* u. s. w.

§ 118. Durch diese Form wird sowohl die Zukünftigkeit als die Gewissheit der Handlung stark hervorgehoben; ähnlich als wenn man im Deutschen beim Futurum das Hülfszeitwort betont: *mee ungura* ich werde arbeiten; *moo tonua* du wirst geschlagen werden. Wenn solche Hervorhebung nicht beabsichtigt, dann braucht man auch für die zukünftige Zeit gewöhnlich die Form des Präsens.

§ 119. Der Negativ setzt die Partikel *ka* vor das Verbalpronomen des Positivs: *himee jatata* ich werde nicht nähen; *kamaatu kotoka* wir werden nicht zurückkehren; *komoo ʒepa onḑu* du wirst nicht ein Schaf schlachten.

§ 120. Das Imperfectum, Perfectum und Plusquamperfectum haben im Positiv die gleichen Formen des Verbalpronomens und unterscheiden sich von einander nur im Auslaut des Verbums. Sie setzen als Auslaut des Verbalpronomens ein *a*: *mba*, *tua*, *ua*, *mua*, *ua*, *va*, *ja* u. s. w.

§ 121. Das Imperfectum hat vokalharmonischen Auslaut: *mba munu* ich sah; *tua hiti* wir gingen hinein; *ua roro* du versuchtest; *mua mete* ihr lächeltet. Es deutet auf die nächste Vergangenheit.

§ 122. Der der Bedeutung nach am meisten entsprechende Negativ wird gebildet durch Präfigirung der Partikel *ka* vor den Positiv des historischen Aorist. Das Verbum lautet vokalharmonisch aus: *hie munu* ich sah nicht; *kaatu tjanga* wir schrieben nicht; *koo vete* du warfest nicht; *kaamu rara* ihr schliefet nicht.

§ 123. Das Perfectum unterscheidet sich im Positiv vom Imperfectum nur dadurch, dass das Verbum immer auf *a* auslautet: *mba suta*, *tua hinga*, *ua muna*, *mua hira* u. s. w.

§ 124. Von der Bedeutung dieser Form gilt für die Vergangenheit, was von dem Futurum für die Zukunft gesagt wurde; die Handlung soll als sicher geschehen und als längst vergangen hervorgehoben werden.

§ 125. Der Negativ stimmt im Verbalpronomen mit dem participialen Aorist überein und das Verbum endet auf ere, ene, ire, ine. Die Wahl dieser Endungen richtet sich nach der § 76 gegebenen Regel: *hi rarere* ich habe nicht geschlafen; *katu tonene* wir haben nicht geschlagen; *ko ungurire* du hast nicht gearbeitet; *kamu rorere* ihr habt nicht versucht.

§ 126. Das Plusquamperfectum lautet auf ere, ire, ene, ine aus. Ueber die Wahl dieser Endungen siehe § 125. Diese Form setzt die Handlung in die weiteste Vergangenheit. Sie muss also überall da gebraucht werden, wo man im Deutschen das Plusquamperfectum setzt. also zur Bezeichnung, dass eine gewisse Thätigkeit vor Eintritt einer anderen vollendet war. Nicht selten steht sie aber auch absolut für eine längst vergangene Zeit, d. h. ohne dass zwei Thätigkeiten der Vergangenheit auf einander bezogen werden: *mba hongere* ich hatte gelehrt (lehrte, habe gelehrt); *tua munine* wir hatten gesehen (sahen, haben gesehen).

§ 127. Der Negativ präfigirt dem Verbalpronomen des Positivs die Partikel *ka*. Das Verbum endet wie beim Positiv: *himba ʒepere onḍu, katua tjangere omambo, koua ungurire etemba, kamua rondere komuti*.

§ 128. Die folgenden beiden Formen sind nicht Tempora, sondern Modi.

§ 129. Der Jussiv präfigirt dem Verbalpronomen des historischen Aorist die Buchstaben *ng*. Das Verbum lautet auf *e* aus.

§ 130. Der Jussiv bezeichnet einen Befehl, eine Aufforderung, eine Notwendigkeit u. s. w.: *nge ungure* ich soll arbeiten: *ngatu tunge ondjuuo* wir sollen (lasst uns) ein Haus bauen; *ngo kare muno* du sollst hier bleiben.

§ 131. Der Negativ hat grosse Aehnlichkeit mit dem Positiv des historischen Aorist, von dem er sich nur dadurch unterscheidet, dass der anlautende Vokal des Verbalpronomens gedehnt gesprochen und doppelt geschrieben wird: *ee tumbura* ich soll nicht herantreiben, *aatu jombo* wir sollen nicht verweilen; *oo riri* du sollst nicht weinen.

Am häufigsten wird dieser Negativ in Fragesätzen gebraucht. Dieselben sind in der Form den obigen Sätzen völlig gleich.

Für die 1. Pers. Sing. in der Frage gibt es noch eine isolirt stehende Form, nämlich das Verbalpronomen *hi* mit *e* als Auslaut des Verbums: *hi sute?* soll ich bezahlen? *hi tone?* soll ich schlagen?

§ 132. Der Optativ hat gleich dem participialen Aorist die nackte Form des Pronomen separatum zum Verbalpronomen. Eine Abweichung findet beim Singular der I. Nominalklasse der 3. Person statt, welche *a* statt *u* lautet. Das Verbum endet auf *e*.

§ 133. Der Negativ ist dem des historischen Aorist völlig gleich.

§ 134. Der Optativ steht fast ausschliesslich in abhängigen Sätzen und zwar solchen, welche einen Zweck, einen Wunsch, eine Aufforderung, einen Befehl ausdrücken: *ihe ma ungura, ovanatje kutja ve mune ovikuria* der Vater arbeitet, damit die Kinder Speise bekommen; *me vanga tjinene, tate kutja a kotoke* ich wünsche sehr, dass Vater zurückkommt; *sekamee, tu ende* steht auf, dass wir gehen (lasst uns gehen); *Mukuru ua raere, kutja tu ṯakamise omatuako ue* Gott hat befohlen, dass wir seine Gebote bewahren sollen; *ihe ma ungura, ovanatje kutja ave ha ṯ' ondjara* der Vater arbeitet, damit die Kinder nicht Hunger leiden; *me vanga tjinene, tate kutja a ha jaruka* ich wünsche sehr, dass Vater nicht wieder weggeht.

§ 135. Durch Präfigirung oder Affigirung von Wörtchen (Partikeln) an verschiedene der behandelten Verbalpronomen können wieder andere Formen derselben, besonders mit modaler Nebenbedeutung gebildet werden. Die wichtigsten und gebräuchlichsten derselben lassen wir hier folgen.

§ 136. Eine Form mit participialer Bedeutung wird dadurch gebildet, dass dem Verbalpronomen, besonders dem des Präsens, ein *a* präfigirt wird: *me mana otjiungura ihi ame kondjo nga kongurova* ich werde diese Arbeit beenden, indem ich mich abmühe bis zum Abend; *ovandu va puka amave ende monḏorera* die Menschen verirrten sich, indem sie im Finstern gingen.

§ 137. Der Negativ wird gebildet durch das Pronomen separatum mit präfigirtem *a* und der negativen Partikel *hi*, worauf ein Infinitiv oder anderes Nomen mit der Konjunktion *na* folgt: *mba rara nombepera ambi hi nomuriro* ich schlief (= übernachtete) mit Frost, indem ich kein Feuer hatte; *kamu nakuriama amu hi nakurihonga naua* ihr kommt nicht voran, indem ihr nicht gut lernt. In der 3. Pers. Sing. der I. Nominalklasse wird das Verbalpronomen (*au*) zu *e* kontrahirt: *omundu ua otama e hi novikuria* der Mensch ermattete, indem er keine Speise hatte.

§ 138. Eine Form mit conditionaler Bedeutung wird auf folgende Weise gebildet. Dem Verbalpronomen des historischen Aorist präfigirt man die Konjunktion *tji* (welche dabei ihr *i* verliert) und setzt vor diese Bildung ein *a* (bei der 1. Pers. Sing. wird dasselbe *e* und bei der 2. Pers. Sing. *o*): *etje, atjatu, otjo, atjamu, atja, atjave* u. s. w. Das Verbum lautet auf *a* aus: *etje hinga ozongombe, norondu tji mbi hi nokati* ich würde die Rinder treiben, habe aber keinen Stock; *omuzandu atja hita mombongo, norondu tji ma tjaerua i ihe* der Jüngling würde in die Gemeinde kommen, aber der Vater wehrt ihm; *ovandu ndakuzu va ungura, atjave sutua* wenn die Leute gearbeitet hätten, so wären sie bezahlt worden.

§ 139. Der Negativ setzt *ka* vor die Form des Positivs: *hitje* (und *hetje*), *katjatu, kotjo, katjamu, katja, katjave* u. s. w.

§ 140. Oft schiebt man die Konjunktion *tji* zwischen das Verbalpronomen und Verbum im Präsens. Die Bedeutung siehe nach folgenden Beispielen: *me tji sutu* ich bezahle wohl (möchte bezahlen); *mo tji sutu* du bezahlst wohl (möchtest wohl bezahlen); *matu tji roro* wir versuchen wohl (möchten versuchen); *mave tji hingi* sie treiben wohl (möchten wohl treiben).

§ 141. In gleicher Weise schiebt man auch beim Jussiv die Konjunktion *tji* zwischen das Verbalpronomen und das Verbum, wodurch Letzteres vokalharmonischen Auslaut erhält. Die Bedeutung des Jussivs wird dadurch gemildert und könnte als Höflichkeitsimperativ bezeichnet werden: *nge tji ungura* ich möchte (sollte) arbeiten; *ngatu tji zuu* wir möchten (sollten) hören; *ngo tji kara pehi* setze dich doch; *ngamu tji vatere eze* helfet uns doch. Die 3. Pers. Sing. lautet *nge* (nicht *nga*) *tji*.

Statt *ng* setzt man oft *k* (mit Ausnahme der 1. Pers. Sing.): *katu tji, ko tji, kamu tji, ke tji, kave tji*. Jedoch kann diese Form ebensowohl negative als positive Bedeutung haben.

§ 142. Um den Begriff »noch nicht« auszudrücken, hängt man die Partikel *ja* (oder abgekürzt *a*) an das Verbalpronomen des negativen participialen Aorist, wobei das Verbum auf *a* auslautet. Die 3. Pers. Sing. verwandelt ihr *a* des Verbalpronomens in *e*: *hija* (*hia*), *katuja, koja* (*koa*), *kamuja, keja* (*kea*), *kaveja* (*kavea*) u. s. w.: *hija hungira* ich habe noch nicht gesprochen.

§ 143. Auch den Verbalpronomen des positiven participialen Aorist und des historischen Aorist kann dies *ja* in Verbindung mit der negativen Partikel *hi* zu gleichem Zweck angehängt werden, welche Formen dann für Vergangenheit, Gegenwart und Zukunft gebraucht werden. Sie sind in den beiden Tempora übrigens meist gleichlautend. Wir setzen hier die Formen des participialen Aorist und fügen die des historischen Aorist in Klammer bei: *ambi hija (e hija), atu hija (atu hija), au hija (o hija), amu hija (amu hija), au hija (e hija), ave hija (ave hija)*. Bei den übrigen Klassen sind sie gleichlautend. *Mba kara mondjuuo, ambi hija veruka* ich blieb im Hause, indem (da, weil) ich noch nicht genesen war; *ovandu maave rara mokuti, ave hija muna oꝫongombe* die Leute werden im Felde schlafen (übernachten), indem (da, weil) sie die Rinder noch nicht gefunden haben.

§ 144. Hier ist auch das Nötige über die direktive Partikel *ka* zu sagen, welche bezeichnet, dass die Handlung eine örtliche (mitunter zeitliche) Fortbewegung erfordert: *me ungura* ich arbeite; *me ka ungura* ich gehe zu arbeiten (wenn der Ort der Arbeit sich wo anders befindet); *omukarere ua eta onḓu* der Knecht hat das Schaf gebracht; *omukarere ua ka eta onḓu* der Knecht hat das Schaf geholt (ist gegangen, um das Schaf zu bringen); *ongombe mai ka hirua*. In diesem letzten Satze ist entweder das zu tränkende Rind oder derjenige, welcher es tränkt, als zur Tränkstelle gehend zu denken; *ma vanga okuka honga* er will gehen, um zu lehren.

§ 145. In zwei Fällen übt diese Partikel einen bestimmenden Einfluss auf den auslautenden Vokal des Verbums aus. Ueberall wo das Verbum ohne diese Partikel gewöhnlich vokalharmonisch auslautet, muss es nach derselben auf *a* auslauten: *ma tono* er schlägt; *ma ka tona* er geht zu schlagen; *mave hingi* sie treiben; *mave ka hinga* sie gehen zu treiben. Im Singular des positiven Imperativs dagegen verwandelt sie das auslautende *a* in *e*: *ungura* arbeite; *ka ungure* gehe arbeiten; *rara* schlaf; *ka rare* gehe schlafen.

Diese Partikel steht immer zwischen dem Verbum und dem Verbalpronomen. Wenn ein Objekt vor das Verbum tritt, so nimmt dies die erste, *ka* die zweite, das Verbalpronomen die dritte Stelle vor dem Verbum ein. Im letzteren Falle verwandelt das etwa auslautende *a* des Verbalpronomens und das der Partikel sich in *e*: *omundu ma ka tona*; *omundu me ke mu tona*.

§ 146. Unregelmässigkeiten gibt es, wie in dieser Sprache im allgemeinen, so bei ihren Verben im besonderen, nur wenige.

Manche Verben, welche nach § 72 in den dort angegebenen Fällen vokalharmonisch auslauten sollten, weichen von dieser Regel ab, indem sie auf einen anderen Vokal, meist *a*, auslauten.

In den Wörterbüchern pflegt man bei jedem Verbum durch Hinzufügung des betreffenden Vokals anzugeben, welchen Auslaut dasselbe in den § 72 erwähnten Fällen hat.

§ 147. Folgende Verben haben als auslautenden Vokal des Verbalpronomens *e* statt *a*. *Ja* kommen: *omundu ue ja* der Mensch ist gekommen; wogegen: *omundu ua ja* der Mensch ist weggegangen. *Kuta* gesättigt werden: *ovandu ve kuta* die Menschen sind gesättigt; wogegen: *ovandu va kuta* die Menschen haben gebunden. *Kura* gross, ausgereift, grossjährig werden: *omuatje ue kura* das Kind ist erwachsen (ausgereift u. s. w.); wogegen: *omuatje ua kura* das Kind hat geschabt. *Ura* voll werden: *otjituma tje ura* das Gefäss ist voll; wogegen: *omundu ua ura* der Mensch hat übermocht (besiegt). *Kuka* verreisen: *omurumendu ue kuka* der Mann ist verreist.

C. Unregelmässige und defekte Verben.

§ 148. *Ngunda* und das gleichbedeutende *nganda* haben ihren ursprünglichen Charakter als selbständige Verben verloren. Sie werden jetzt vornehmlich als Adverbien gebraucht und auch da, wo sie noch als Verben konstruirt werden, dienen sie adverbialem Zwecke, nämlich zur Bezeichnung des Begriffes »während«.

Nganda hat die Eigentümlichkeit, dass es sowohl seinen Stammvokal als seinen auslautenden Vokal gern dem Vokal seines Verbalpronomens assimulirt. Dies geschieht, wenn letzterer Vokal *e* oder *o* ist: *me ngende, matu nganda, mo ngondo, mamu nganda, ma nganda* u. s. w. Oft verkürzt man dies Wort auch zu der Form *nda*: *me nde, matu nda, mo ndo, mamu nda* u. s. w.

Die Konstruktion von *ngunda* (und *nganda*) geschieht in der Weise, dass es mit der Konjugationsform des Verbums gesetzt wird, welches es adverbial bestimmen soll und dem es unmittelbar vorausgehen muss: *me ngunda me ungura* (währenddessen arbeite ich), *mo ngunda mo ungura, ma ngunda ma ungura, matu ngunda matu ungura, mamu ngunda mamu ungura, mave ngunda mave ungura* u. s. w. durch alle Zeit- und Modusformen.

§ 149. *Ngara* scheinen, d. h. den Anschein haben, wird oft zu *nga* abgekürzt: *me ngara* (*me nga*), *matu ngara* (*matu nga*) u. s. w. Die Konstruktion ist der von *ngunda* gleich.

§ 150. *Ri* sein (nur als Kopula, nicht als Hülfsverbum) ist ein defektes Verbum. Es steht nur mit den Formen des participialen Aorist, des Imperfectums und ausnahmsweise mit denen des historischen Aorist. Dabei ist jedoch zu beachten, dass der participiale Aorist die Bedeutung der Gegenwart hat, während das Imperfectum die ganze Vergangenheit umfasst.. In der Zukunft muss es durch *rira* und *kara* vertreten werden. Ebenso ist das Plusquamperfectum durch *kara* zu ersetzen.

Die vorhandenen Formen sind ganz regelmässig: *mbi ri* ich bin, *tu ri* wir sind, *u ri* du bist u. s. w.; *mba ri* ich war, *tua ri* wir waren, *ua ri* du warest, *mua ri* ihr waret u. s. w.; dagegen: *me kara muno* ich bleibe (oder bin) hier; *ma rire ove, ngu mo kara muno* du wirst es sein, der hier bleibt (wörtlich: du wirst es werden, der du hier bleibst). Siehe weiter § 185 ff.

§ 151. *Ja* kommen unterscheidet sich von *ja* weggehen einerseits durch sein unregelmässiges Verbalpronomen (§ 147), andererseits durch seinen Auslaut, indem *ja* kommen in allen Zeitformen, welche nach § 72 vokalharmonisch auslauten, *a*, *ja* weggehen dagegen *i* hat, wobei das *j* ganz weggelassen werden kann: *omundu me ja* der Mensch kommt; *omundu ma ji (i)* der Mensch geht weg.

Bei *ja* kommen ist ausserdem der positive Imperativ unregelmässig, welcher im Singular *indjo*, im Plural *indjee* lautet. Ganz besonders auffällig ist, dass das *a* von *ja* kommen sich in *e* verwandelt, wenn ein Infinitiv darauf folgt: *mbe je okuungura* ich bin gekommen zu arbeiten; *ovandu ve je okurihonga* die Leute sind gekommen zu lernen.

Bei *ja* weggehen fehlen die Formen des Infinitivs, Imperativs, Jussivs und Optativs. Sie werden durch diejenigen des Verbums *jenda* (*enda*) ersetzt: *okuenda*; *ngave ende*; *pendura ovandu, ve ende*. Der Imperativ (von *jenda*) ist regelmässig, wenn er gehen bedeutet: *jenda* gehe; *jendee* gehet; dagegen unregelmässig, wenn er weggehen bedeutet: *tuende* gehe weg; *tuendeje* gehet weg.

§ 152. Den gleichlautenden Stamm mit obigen beiden Wörtern hat ursprünglich wahrscheinlich auch das Wort für »kennen«, »wissen« gehabt, von welchem nur noch der Laut *i* vorhanden ist. Es steht nur noch mit dem Verbalpronomen des participialen Aorist und zwar stets mit dem Pronomen separatum als Objekt: *mbi mu i* ich kenne, weiss ihn (weiss, wo er ist); *tu tji i* wir kennen, wissen es; *hi i i* ich kenne, weiss es nicht; *katu ve i* wir kennen, wissen sie nicht.

§ 153. *Isa* verlassen, ablassen, lassen (nicht zu verwechseln mit *isa* wegnehmen, an sich nehmen) ist regelmässig, ausser wenn das Pronomen separatum als Objekt vor das Verbum tritt. In letzterem Falle verwandelt sein initiales *i* sich in *e* (also *esa* statt *isa*). Es liebt es aber, diese objektive Form auch dann zu setzen, wenn das Objekt als Substantiv oder persönliches Fürwort nachfolgt: *okuisa omundu* den Menschen verlassen; *okuisa je* und *okumuesa* ihn verlassen; *mba isa omundu* ich habe den Menschen verlassen; *mba isa je* und *mbe muesa* ich habe ihn verlassen; *mbe vesa ovandu* ich habe die Menschen verlassen; *omundu ua isiua* der Mensch ist verlassen; *omundu omuisiua* ein verlassener Mensch.

Wahrscheinlich hat auch die Form *sia* (Passivum *seua*) sich erst im Lauf der Zeit aus obigem Wort herausgebildet. Jetzt besteht sie als besonderes Verbum mit der Bedeutung »hinter sich zurücklassen«. Siehe Wörterbuch.

VIII. Von den Formwörtern.

In diesem Abschnitt soll das Wichtigste über die Präpositionen, Adverbien und Konjunktionen gesagt werden. Aus etymologischen Gründen beginnen wir mit den Präpositionen.

1. Präpositionen.

§ 154. Einfache Präpositionen sind: *mu* in, ein, aus; *pu* bei, neben, hinzu, von; *ku* an, zu, bei, nach, von; *na* mit; *i* von, durch (nicht instrumental); *nga* bis; *kuṱa* gegen (d. h. in der Richtung auf etwas hin).

§ 155. Mit Ausnahme von *hembandina* und *hembakana* jenseits, sind alle anderen Präpositionen Zusammensetzungen von *ku*, *mu* und *pu* entweder mit der Präposition *na* (*puna*, *pumuna* u. s. w.) oder mit Substantiven wie: *posi* neben, ausserhalb; *pokati* zwischen; *pekuma* neben, an der Seite; *kehi* unterhalb, bei u. s. w. Ganz besonders werden solche Präpositionen gebildet durch Zusammensetzung von *ku*, *mu* und *pu* mit Wörtern, welche Teile des menschlichen Körpers bezeichnen, wie: *komeho* (an den Augen); *komurungu* (am Gesicht); *kotjipara* (an der Stirn); *kekoro* (am Schoss, d. h. vor); *ketambo* (am Rücken, hinter) u. s. w.

§ 156. Die im letzten Paragraph erwähnten Präpositionen, deren einer Teil ein Substantiv ist, werden gewöhnlich nominal konstruirt, d. h. das folgende Nomen steht mit dem Genitivpräfix des in der Präposition enthaltenen Substantivs: *posi jomundu* neben dem Menschen (wörtlich: an der Seite des Menschen); *komurungu uonganda* vor dem Dorf (wörtlich: am Gesicht des Dorfes). Einige dieser Präpositionen haben jedoch *ja* als Genitivpräfix, obwohl ihr Substantiv (wenn nicht Teil der Präposition) ein anderes erfordert: *komeho jondjuuo* (statt *uondjuuo*) vor dem Hause; *kehi jotjitjuma* (statt *rotjitjuma*) unter dem

Gefäss; ebenso *mene, pene, pendje*. Auch *hembandina* und *hembakana* erfordern *ja* als Genitivpräfix: *ongombe i ri hembandina jondondu* das Rind ist jenseits des Flusses.

§ 157. Oft enthält das Verbum selbst oder dessen Form die Bedeutung der Präposition, so dass eine solche nicht beigefügt zu werden braucht, z. B.: *ma tuurunga otjirongo* er geht durch den Ort; *ovakarere ve ungurira omuhona* die Knechte arbeiten für den Herrn.

§ 158. Die Präposition *i* hat nicht instrumentale Bedeutung. Sie steht nur beim Passivum, also wenn ausgedrückt werden soll, dass etwas durch jemand oder etwas geschieht, nicht dass jemand etwas durch etwas thut: *ondjuuo mai tungua i ami* das Haus wird durch mich gebaut; *ombanda ja riua i omatoto* das Kleid ist von Motten gefressen.

Mitunter wird in solchen Sätzen das *i* weggelassen oder man spricht es aus Nachlässigkeit nicht deutlich hörbar aus, was nicht zu rechtfertigen ist.

Unser instrumentales »durch« wird, wenn der, durch welchen jemand die Handlung ausführt, als selbstthätig gedacht wird, gewöhnlich durch die Kausativform des Verbums auf *isa* ausgedrückt, im anderen Falle durch *na*, z. B.: *ma tungisa ovarumendu vevari ondjuuo* er lässt das Haus durch zwei Männer bauen; *omuatje ua tjangisiua i omuhonge omambo* das Kind wurde von dem Lehrer veranlasst, die Wörter zu schreiben; *Jesus ua verukisa ovandu nembo re* Jesus heilte Menschen durch sein Wort.

Diejenigen Präpositionen, welche aus Benennungen für Teile des menschlichen Körpers und den Präpositionen *ku, mu, pu* bestehen (§ 155), haben in ihrer Anwendung oft die umgekehrte Bedeutung wie die entsprechenden im Deutschen. Sagt jemand z. B. *komeho jondundu* (vor dem Berge, eigentlich: an den Augen des Berges), so meint er die ihm abgewandte Seite des Berges, wo nach seiner Vorstellung die Augen des Berges sich eben befinden; *kombunda jondundu* (hinter dem Berge) dagegen bezeichnet die ihm zugewandte Seite desselben. Est ist unglaublich und andererseits doch auch wieder leicht begreiflich, wie grosse Missverständnisse oft durch Nichtbeachtung solcher kleinen Sachen entstehen.

2. Adverbien.

§ 159. Adverbien, welche nicht von anderen Redeteilen abgeleitet sind, oder deren Ableitung nicht mehr deutlich erkennbar ist, sind besonders:

Tji und *tjinga* als, wie; *otji, otjinga* und *otja* so; *tjaa* wenn etwa, dass nicht etwa; *tjandje* noch, schon, während; *ngunda* und *nganda* während; *inga* noch; *uina* auch, absichtlich (bei der Relativform); *tjo* leer (d. h. ohne etwas); *uri* nur; *uriri* umsonst, vergeblich; *nani* vielleicht; *nai* und *nao* so; *o* wohl, gut; *ii* und *ia* ja; *ajee* und *indee* nein; *vari* zwar, freilich, allerdings; *kunia* ja freilich; *pi?* wo? wohin? woher? *are?* denn? *indu* denn; *vi?* wie? *mangara* wahrscheinlich; *tjimuna* wahrscheinlich.

§ 160. Weiter können alle in § 155 erwähnten aus *ku*, *mu* oder *pu* und einem Substantiv gebildeten Präpositionen als Adverbien des Ortes gebraucht werden: *posi* erleidet dabei die Veränderung, dass ihm ein *o* angehängt wird: *omundu ma hungire posio* der Mensch spricht daneben.

Diese Adverbien, sowie *muno* und noch einige andere, können auch als Substantiva behandelt werden, z. B.: *ondjuuo jokombanda* das Haus des Oben (Oberhaus); *ongombe jokombunda* der Ochs des Hinten (Hinterochs); *omuhona uoposio* der Häuptling des Neben (Neben- oder Unterhäuptling).

§ 161. Auch *ku*, *mu* und *pu*, sowie ihre verstärkten Formen *kunga*, *munga* und *punga* können unter Umständen als Adverbien angesehen werden, z. B.: *mu mbi kara, mu novandu vetu* wo ich mich aufhalte, da sind unsere Leute; *ndji raera, ku me tungu ondjuuo* sag mir, wo ich das Haus baue (bauen soll). Genau genommen sind sie in solchem Falle jedoch Relativpronomen von *koŋa, moŋa, poŋa*. Siehe § 167 ff.

§ 162. Zu eigentlichen Adverbien werden diese Präpositionen dadurch gemacht, dass ihnen entweder ein *o* präfigirt wird (*oku, omu, opu*), oder dass ihr auslautendes *u* durch *o* verdrängt wird (*ko, mo, po*): *oku mba ẓire* daselbst kam ich weg; *omundu om' e* (aus *omu e*) *ri* der Mensch ist drinnen; *matji kara mo* es bleibt drinnen.

Wie das zweite Beispiel zeigt, werden die Formen *oku, omu, opu* mitunter mit nachfolgendem Verbalpronomen kontrahirt.

§ 163. Auch aus einigen wenigen Adjektiv-, Numeral- und Pronominalstämmen können durch Präfixe Adverbien gebildet werden: *kokure* fern (von *re* lang); *tjinene* sehr (von *nene* gross); *pamue* zusammen; *rumue* einmal; *rumuerumue* bisweilen (von *mue* eins); *kuarue* anderswo (von *rue* ein anderer).

§ 164. Oft wird der adverbiale Begriff durch den Infinitiv oder durch ein abstraktes Substantiv ausgedrückt: *ma ungura okuhakahana* (oder *nokuhakahana*) er arbeitet eilig; *mave hungire noukoẓu* sie sprechen sanft; *eje ua hungire ongahukiro* er sprach deutlich (freimütig).

§ 165. Ebenso kann jedes hinweisende Fürwort als Adverb stehen: *ovandu ouo mba* die Menschen sind hier (wörtlich: die Menschen sie diese); *ovitjuma ovio mbina* die Gefässe sind dort (wörtlich: Gefässe sie jene).

§ 166. Nicht selten enthält das Verbum selbst den adverbialen Begriff: *ongombe mai hungama nondundu* das Rind geht geradeaus nach dem Berge; *ouo va kohora oʒombanda* sie haben die Kleider rein gewaschen; *ove ua tjitire uina* du hast es absichtlich gethan.

Wegen der adverbial gebrauchten Verba *ngunda* und *nganda* siehe § 148.

§ 167. Ganz besonders dienen auch die Wörter *koṇa* (*okoṇa*), *moṇa* (*omoṇa*), *poṇa* (*opoṇa*) dazu, adverbiale Begriffe auszudrücken, ja darin gerade besteht ihr eigentlicher Zweck. Deshalb muss hier das Nötige über dieselben gesagt werden.

§ 168. Der Stamm dieser Wörter ist das Substantiv *oṇa*, welches eine Nebenform von *otjiṇa* bildet und etwa soviel bedeutet wie »irgend etwas«. Diesem Worte werden die Präpositionen *ku, mu, pu* als Nominalpräfixe vorgesetzt. So entstehen drei neue Wörter, in denen die unbestimmte Bedeutung von *oṇa* mit den unterschiedlichen lokalen Bedeutungen von *ku, mu, pu* vereinigt ist. Ihren Begriff könnte man etwa in folgender Weise auflösen: *koṇa* an jenem Ort, *moṇa* in diesem Ort, *poṇa* bei dem Ort.

§ 169. Obwohl diese drei Wörter adverbialen Zwecken dienen und obwohl sie fast nie mit dem nominalen *o* stehen, werden sie grammatisch doch ganz wie Nomina Substantiva behandelt. Die adverbialen Begriffe werden besonders durch ihre Pronomen ausgedrückt. Diese sind:

Pronomen separatum	*ku, mu, pu*
Pronomen personale	*oko* (*ko*), *omo* (*mo*), *opo* (*po*)
Pronomen relativum	*ku, mu, pu*
Pronomen demonstrativum	*ingui, ingo, inguini, inguina;* — *imui, imuo;* — *imba, imbo, imbeni, imbena*
Participialer Aorist und Optativ	*ku, mu, pe*
Historischer Aorist	*aku, amu, ape*
Präsens	*maku, mamu, mape*
Futurum	*maaku, maamu, maape*
Imperfectum, Perfectum und Plusquamperfectum	*kua, mua, pa*
Jussiv	*ngaku, ngamu, ngape*

§ 170. Die Anwendung dieser Pronomen wird aus einigen Beispielen leicht erkennbar werden:

(*Koṇa ngo*) *me ku* (Pron. sep.) *hepa* den Ort bedarf ich oder: an dem Orte, da bedarf ich.

Oko (Pron. pers.) *ku me tungu ondjuuo* der (Ort) ist es, an dem ich ein Haus baue oder: dort ist es, wo ich ein Haus baue.

Koṇa, ku (Relativpr.) *me risa* dort, wo ich weide.

Koṇa ngo (Pron. demonstr.) *kua roka ombura* dort (an dem Ort) hat es geregnet.

Ku (part. Aor.) *hungira ovandu* da reden Menschen.

(*Eje ua tja,*) *ku* (Optat.) *kunue omuti* (er sagte,) da solle ein Baum gepflanzt werden.

(*Kua ʒorere*) *naku* (hist. Aor.) *puka omundu* (es war finster) und da verirrte sich ein Mensch.

Maku (Präs.) *hupurua ondjombo* da wird (es wird) ein Brunnen gegraben.

Kua kapita otjimbumba tjovandu da ging ein Haufen Menschen vorbei (es ging ein Haufen Menschen vorbei).

Ngaku ungurue ondjira da soll ein Weg gemacht werden (es soll ein Weg gemacht werden).

§ 171. Wie obige Sätze zeigen, pflegt, wenn diese Wörter das grammatische Subjekt des Satzes bilden, das logische Subjekt ein anderes zu sein. Sie sind in dieser Beziehung mit unserem unbestimmten Pronomen »es« zu vergleichen und werden auch oft gebraucht, wo wir dieses setzen würden. Man beachte aber noch den Unterschied in der Bedeutung zwischen Sätzen, wo das logische Subjekt genannt ist und wo es nicht genannt ist, sowie zwischen activer und passiver Konstruktion nach folgenden Beispielen: *pe hungira ovandu* da sprechen Menschen; *pe hungirua ovandu* da werden Menschen besprochen; *pe hungirua* da wird gesprochen.

§ 172. Es liegt in der Natur der Sache, dass diese Wörter keinen Plural bilden und dass sie keine Präpositionen annehmen. Auch gegen die nähere Bestimmung durch Adjektive sträuben sie sich.

Die durch Verbindung obiger persönlicher Fürwörter mit einigen Adjektivstämmen entstehenden Bildungen, welche man gewöhnlich als Adverbien bezeichnet, sind als eigentliche Sätze aufzufassen und können deshalb auch nicht zu näherer Bestimmung von Verben dienen: *okokuua* (*oko okuua*) es ist gut; *okokuvi* (*oko okuvi*) es ist schlecht; *okokure* (*oko okure*) es ist fern. Dagegen sind die Wörter *kokure* und *popeʒu* richtige Adverbien.

3. Konjunktionen.

§ 173. Ueber Form und Ableitung, bezw. Zusammensetzung der Konjunktionen Näheres zu sagen, scheint kaum nötig. Ihre Anwendung aber gehört in die Satzlehre. Aus diesen Gründen verweisen wir, um

Wiederholungen möglichst zu vermeiden, die Behandlung dieser Redeteile ganz dorthin (§ 232 ff.) und lassen hier nur die gebräuchlichsten derselben kurz folgen: *na* und, auch; *na — na* sowohl — als auch; *nu* und, aber; *uina* auch; *poo* oder; *tji* wenn; *tjinga* wenn, während; *otja* wie, so; *ngunda* und *nganda* während; *nunguari* aber, jedoch, dennoch; *ndakuzu* wenn (falls); *ndakuzu — ndakuzu* wenn — dann; *tjakuzu = ndakuzu*; *orondu (ondu) tji, orondu (ondu) tjinga, orondu (ondu) kokutja* denn, weil; *kutja* dass, damit; *kutja — kutja* ob — ob; *okutja* nämlich; *arire tji* da, alsdann, sodann, folglich; *norondu tji* obwohl, jedoch, aber; *tjinangara* falls, im Fall dass, wenn.

Syntax.

1. Der einfache Satz.

§ 174. Nur das Nötigste aus der Satzlehre soll hier eine Stelle finden. Manches, was als aus dem ersten Teil bereits bekannt vorausgesetzt werden kann, ist hier nicht zu wiederholen.

§ 175. Als Grundregel gilt, dass das Subjekt dem Prädikat vorausgehen muss.

§ 176. Auch jedes Verbum finitivum (d. h. das Verbum mit seinem Verbalpronomen) kann einen Satz bilden: *ma hungire* er spricht; *tu honga* wir lehren.

§ 177. Ebenso kann ein Nomen allein als Satz stehen, in welchem Falle das nominale *o* (bezw. die negative Partikel *ka*) als Kopula anzusehen ist: *ouami* ich bin es; *oove* du bist es; *Omaharero* es ist Maharero; *kaje* er ist es nicht; *kaami* ich bin es nicht.

Statt *kaami* kann man auch sagen *hiami*.

§ 178. Im erweiterten Satze gilt folgende Regel für die Reihenfolge der Redeteile:

a) Subjekt mit nachfolgenden Bestimmungswörtern, b) Verbum, c) Objekt mit nachfolgenden Bestimmungswörtern, d) adverbiale Bestimmungen: *omundu omunene ngui ma ʒara omakuninino aehe nomuretima* dieser grosse Mensch erträgt alle Verleumdungen mit Langmut.

§ 179. Eine Ausnahme unter den Bestimmungswörtern macht das hinweisende Fürwort, insofern es statt hinter auch vor das Substantiv treten kann, in welchem Falle es aber meist fast zum blossen Artikel abgeschwächt ist (§ 189): *ing' omundu ma ungura* dieser (oder der) Mensch arbeitet; *eje ma risa ind' oʒondu* er weidet die Schafe.

§ 180. Das attributive Adjektiv pflegt auch dann unmittelbar auf das Nomen zu folgen, wenn Letzteres noch durch ein Pronomen oder ein Zahlwort näher bestimmt wird: *omurumendu omunene ngui* dieser grosse Mann, *ovarumendu ovanene vetatu* drei grosse Männer.

Bei umgekehrter Stellung der Bestimmungswörter würde man geneigt sein, das Adjectivum als Prädicativum zu fassen: *ovarumendu vetatu ovanene* drei Männer sind gross.

§ 181. Nur selten kann ein Bestimmungswort sich zugleich auf zwei oder mehr Substantive beziehen. Dies ist besonders dann nicht wohl möglich, wenn die Substantive verschiedenen Klassen angehören: *omurumendu u noukambe ouzeu nozongombe ozondeu* der Mann hat starke Pferde und Rinder; *omakuva uandje omatue notuvio tuandje otutue* meine Beile und Messer sind scharf.

§ 182. Von der Regel, dass das Objekt dem Verbum nachfolgen muss, macht das Pronomen separatum eine Ausnahme, da dasselbe als Objekt stets zwischen den Verbalstamm und das Verbalpronomen tritt. Das eigentliche persönliche Fürwort dagegen folgt als Objekt dem Verbum immer nach: *me isana* ich rufe; *me isana omuatje* ich rufe das Kind; *me isana je* und *me mu isana* ich rufe es.

Wegen des auslautenden Vokals des Verbalpronomens vor dem Pronomen separatum siehe § 108 Anm. 4.

§ 183. Ebenso hat das Relativpronomen als Objekt seinen Platz vor dem Verbum (und zwar vor dem Verbalpronomen): *ongombe, ndji mba hingi* das Rind, welches ich trieb.

Als Objekt nimmt das Relativpronomen gern die durch *nga* verstärkte Form an: *ongombe, ndjinga mba hingi*.

§ 184. In einzelnen Fällen lässt man auch andere Wörter als Objekt dem Verbum vorausgehen. Gewöhnlich wird dann das Objekt aber als persönliches Fürwort wiederholt: *ovandu me ve isana* die Menschen (was die Menschen betrifft) rufe ich. In dieser Stellung vor dem Verbum tritt das Objekt mehr hervor und ist fast immer mit dem bestimmten Artikel zu übersetzen.

2. Von der Kopula.

§ 185. Die Kopula *ri* betreffend wurde bereits angedeutet (§ 177), dass dieselbe im Präsens meist wegfällt und durch das nominale *o* vertreten wird. Mitunter ist es zweckmässig oder notwendig, zur Bezeichnung der Kopula auch noch das persönliche Fürwort mit diesem *o* zu setzen. Dabei gelten folgende Regeln:

§ 186. Wenn das Subjekt ein Substantiv, durch kein Pronomen näher bestimmt, ist und als Prädicativum ein Substantiv oder Adjektiv steht, so muss das persönliche Fürwort mit dem *o* als Vertreter der

Kopula dazwischen treten: *ovaȥandu ouo ovarise* die Knaben sind Hirten; *oȥondu oȥo oȥonene* die Schafe sind gross.

§ 187. Ist dagegen das subjektive Substantiv durch ein hinweisendes Fürwort oder durch einen Genitiv näher bestimmt, so steht das Pronomen personale gewöhnlich nicht: *omuti mbui omunene* dieser Baum ist gross; *ekori randje enene* mein Hut ist gross (*ekori enene randje* würde heissen: mein grosser Hut).

§ 188. Wenn das Prädicativum ein hinweisendes Fürwort ist, so muss das persönliche Fürwort als Kopula stehen: *ekori randje oro ndi* dieser ist mein Hut. Wenn dasselbe dagegen ein Pronomen possessivum ist, so wird das persönliche Fürwort gewöhnlich nicht gesetzt: *ekori orandje*.

§ 189. Nach einem Relativpronomen kann *ri* nur dann wegfallen, wenn *na* in der Bedeutung »haben« folgt: *omurumendu, ngu nouhona*; dagegen: *omurumendu, ngu ri omuhona*.

3. Vom Artikel.

§ 190. Einen Artikel besitzt das Otjiherero nicht. Zwar wird das Pronomen demonstrativum mitunter fast zum bestimmten Artikel abgeschwächt (§ 179); dem Anfänger ist aber zu raten, mit diesem Gebrauch desselben vorsichtig zu sein. Es hebt eben immer einen Gegenstand aus einer Gesamtheit heraus. Deshalb kann z. B. »*ingui omundu*« nur heissen »dieser Mensch« und »*ingui Christus*« »dieser Christus« (also im Gegensatz zu anderen).

§ 191. Die Bedeutung des unbestimmten Artikels kann mitunter ausgedrückt werden durch *rive* (§ 65): *omundu uorive* ein (irgend ein) Mensch. Klarer wird diese Bedeutung bezeichnet durch die unpersönliche Konstruktion der § 167 ff. behandelten Wörter *koŋa, moŋa, poŋa*: *ku nomundu mondjuuo* es ist ein Mensch im Haus; *kue ere omuhonge kotjiuaŋa tjetu* es kam ein Lehrer zu unserm Volk.

4. Von den Zeit- und Modus-Formen.

Nur weniges über diese Formen ist hier noch nachzuholen.

§ 192. Keine einzige Zeit- oder Modus-Form entspricht der gleichnamigen im Deutschen genau. Vor allem aber fehlen die Formen, welche Handlungen in der Vergangenheit oder Zukunft zu anderen Handlungen in zeitliche Beziehung setzen, wie unser Imperfectum, Plusquamperfectum und Futurum exactum.

§ 193. Das Imperfectum bezeichnet die nächste Vergangenheit und steht in der Regel sowohl für unser Imperfectum als für unser Perfectum.

§ 194. Das Perfectum steht für die weitere Vergangenheit. Es bezeichnet die Handlung als bereits vollendet und als sicher geschehen und wird deshalb vornehmlich angewandt, wenn man mit Nachdruck spricht.

§ 195. Das Plusquamperfectum bezeichnet die fernste Vergangenheit und wird gewöhnlich da angewandt, wo auch im Deutschen die gleichnamige Zeitform gebraucht wird. Jedoch bezeichnet es die Handlung nicht als zu einer bestimmten vergangenen Zeit bereits vollendet.

§ 196. Das Präsens bezeichnet zunächst die Gegenwart, wird in den meisten Fällen aber auch für die Zukunft gebraucht.

Ganz allgemein braucht der Herero auch einfach das Präsens oder Futurum, um eine Absicht auszudrücken, wo wir also das Verbum »wollen« mit nachfolgendem Infinitiv setzen: *nambano me i* (oder *mee i*) ich will jetzt gehen.

§ 197. Das Futurum wird nur selten angewandt und zwar in der Regel nur dann, wenn entweder die Zukünftigkeit der Handlung nicht auf andere Weise (besonders durch Adverbien der Zeit) angedeutet ist oder wenn die Gewissheit der Handlung besonders hervorgehoben werden soll, also in den Fällen, wo wir das Hülfsverbum der Zukunft (werden) betonen würden: *mee i* ich werde gehen.

§ 198. Um bestimmt anzugeben, dass eine Handlung erst nach Vollendung einer anderen eintrat oder eintreten wird, bedient man sich gewöhnlich des Verbums *ʒa* mit nachfolgender Konjunktion *na* und dem Infinitiv des die vollendete Handlung bezeichnenden Verbums: *omuhona tj' a ʒa nokuramba ovanavita, arire tj' a kotoka* als der Häuptling die Feinde verjagt hatte, kam er zurück. Dieser Satz kann aber auch heissen: wenn der Häuptling die Feinde vertrieben haben wird, wird er zurückkommen. Unzweideutiger sagt man in letzterem Sinne freilich: *omuhona tj' a ʒa nokuramba ovanavita, indino ma kotoka*, oder: *omuhona tji ma ʒu nokuramba ovanavita, arire tj' a kotoka*.

§ 199. Der participiale Aorist kann seiner Natur entsprechend sich weder auf eine begrenzte Zeit noch auf eine einzelne Handlung beziehen. Er ist seiner Bedeutung nach eben unbegrenztes Participium und drückt in verbaler Form dasselbe aus, was die § 24 erwähnten Formen in nominaler Form ausdrücken: *mbi hinga = ouami omuhinge*; *omundu ngui u ungura = omundu ngui omuungure*. Siehe weiter § 211.

§ 200. Der historische Aorist bezeichnet als solcher ebenfalls keine bestimmte Zeit, kann sich vielmehr auf jede Zeit beziehen. Aber in jedem angewandten Falle bezieht er sich auf eine Handlung innerhalb einer bestimmten Zeit, welche in der Regel durch die Zeitform des vorausgehenden Verbums bezeichnet ist. Siehe § 113.

Aus diesem Grunde steht er nur selten in einem isolirten Satze mit nur einem Verbalbegriffe oder als erstes Verbum nach einem Punkte. Seine allgemeinste Anwendung findet er in fortlaufender Rede, sofern das Subjekt dasselbe bleibt, und zwar wird er meist durch die Konjunktion *na* angereiht: *omukarere ua hiti motjikunino n' a tuere ehi* der Knecht ging in den Garten und grub (Erde); *matu hupura ondjombo n' atu hire oȥongombe* wir graben einen Brunnen und tränken die Rinder; *omuini uonganda ma kotoka muhuka n' a varura ovandu ve, arire tj' a sutu ovaungure n' a vere ovapikapike* morgen kommt der Eigentümer der Werft zurück und besieht seine Leute, da wird er denn die Arbeiter belohnen und die Uebelthäter bestrafen.

§ 201. Eine Reihe von Wörtern erfordert im Otjiherero die Formen des Präteritums, wo im Deutschen bei den entsprechenden Wörtern das Präsens steht. Es sind das Wörter, welche die Thätigkeit bezeichnen, durch welche ein Zustand geschaffen wird, während die deutschen Wörter den Zustand selbst bezeichnen: *omundu ua vere* der Mensch ist krank, eigentlich: ist krank geworden, erkrankt; *ovanatje va rara* die Kinder schlafen, eigentlich: sind eingeschlafen; *ami mba kambura* ich glaube, eigentlich: bin gläubig geworden.

§ 202. Der Jussiv steht fast nur in unabhängigen und der Optativ in abhängigen Sätzen: *ovandu ngave ȥakamise omatuako ua Mukuru* die Menschen sollen die Gebote Gottes halten; dagegen: *Mukuru ue tu raere, kutja tu ȥakamise omatuako ue* Gott hat uns befohlen, dass wir seine Gebote halten sollen; *nge honge ovanatje mba* ich soll (muss) diese Kinder lehren; dagegen: *ma vanga kutja mbi honge ovanatje mba* er will, dass ich diese Kinder lehre. Gewöhnlich werden die Optativsätze mit der Konjunktion *kutja* eingeleitet; in den meisten Fällen kann dieselbe aber auch wegbleiben, was gewöhnlich geschieht, wenn der vorhergehende Satz ein Imperativ- oder Jussivsatz ist: *indjee, tu ende* kommt, dass wir gehen (lasst uns gehen); *ngave ture muno, ve hite moskole* sie sollen hier wohnen, damit sie in die Schule gehen.

§ 203. Der Imperativ wird oft gebraucht, wo man ihn im Deutschen nicht wählen würde: *sora okuenda mondjira ja Muhona* könne wandeln im Wege des Herrn; *karee noujandje* habt Geben (= seid freigebig).

5. Vom Infinitiv.

§ 204. Der Infinitiv hat nur je eine Form für das Activum und Passivum. Es hat also keine Beziehung auf die Zeiten der Gegenwart, Vergangenheit und Zukunft. Der Form nach ist er ein Substantiv mit dem lokativen Nominalpräfix *oku*. Der Bedeutung nach aber ist er zugleich ein Verbum, welches ein Objekt haben kann, und entspricht besonders nach Verben des Wollens, Meinens, Könnens u. s. w. ganz unserem Infinitiv: *me vanga okurara* ich will schlafen; *me sora okutjanga* ich kann schreiben; *omuatje ua i k' Okahandja kokuhongua* das Kind ging nach Okahandja, um unterrichtet zu werden.

§ 205. Nicht selten steht wie in diesem letzten Beispiel der Infinitiv mit der Präposition *ku*. Ueber den Gebrauch der beiden Formen ist im allgemeinen folgendes zu sagen. Die Form ohne Präposition steht für unseren reinen Infinitiv, die Form mit der Präposition dagegen für unseren abhängigen Infinitiv (für das lateinische Supinum auf *um*); jedoch kann in letzterer Bedeutung überall auch die Form ohne die Präposition stehen. Mit anderen Worten: nach Verben des Wollens, Könnens, Wissens, Sollens muss immer die Form ohne Präposition stehen; dagegen nach Verben, welche ein Ziel, einen Zweck, eine Absicht ausdrücken, sind beide Formen zulässig.

§ 206. Als eigentliches Nomen wird der Infinitiv behandelt wie jedes andere Substantiv; er kann Subjekt und Objekt des Satzes, regierendes und regiertes Nomen sein, kann mit Präpositionen, Adjektiven, Pronomen stehen: *okutuera ehi ku ura orutu* das Graben ermüdet den Körper; *omuatje ma tondo ing' okurihonga* das Kind verachtet das Lernen; *okuimbura kuovanatje kue tu njandisa* das Singen der Kinder erfreute uns; *omukarere ua putara mokuhinga etemba* der Knecht strauchelte im Treiben den Wagen (des Wagens).

§ 207. Beim Negativ schiebt man gewöhnlich die Partikel *ha* (nicht) zwischen Präfix und Stamm des Infinitivs: *eje ua rara nokuhaungura* er übernachtete mit nicht Arbeiten (ohne zu arbeiten). Statt dessen kann man aber auch ein zweites *oku* mit der negativen Partikel *hi* und der Konjunktion *na* vor die volle Form des Infinitivs setzen: *ovakarere va pandere pokuhinakuungura* die Knechte beharrten beim zu nicht mit Arbeiten (dabei, nicht zu arbeiten).

§ 208. Ebenso wie die Negation *ha* wird die direktive Partikel *ka* und das Pronomen separatum als Objekt zwischen Präfix und Stamm des Infinitivs eingeschoben: *oʒongombe ʒa hingua korui okukahirua* die Rinder wurden zur Wasserstelle getrieben, um getränkt zu werden; *mba isana omuatje okumutjangisa ombrive* ich habe das Kind gerufen, um es einen Brief schreiben zu lassen; *omurumendu ua tuara ovanatje ve k' Otiimbingue okukevehitisa moskole* der Mann hat seine Kinder nach Otjimbingue gebracht, um sie in die Schule zu thun.

§ 209. Der Infinitiv kann dem Verbum finitivum zur Verstärkung nachfolgen: *omurumendu ma tono okutona* der Mann schlägt schlagen, d. h. er schlägt heftig. Ebenso kann er demselben vorausgehen, was mehr zur Beschränkung des Begriffes dient: *okuhungira* (oder *ing' okuhungira*) *mba hungira* reden redete ich, d. h. was das Reden betrifft, so habe ich (allerdings) geredet.

6. Vom Participium.

§ 210. Eigentliche Participia, d. h. Wortformen, welche Verba und Nomina zugleich sind, besitzt das Otjiherero nicht.

§ 211. Die in § 199 behandelten Formen drücken den participialen Sinn eben nur durch verbale Formen aus und können deshalb nie als Nomina auftreten. Andererseits sind die § 24 erwähnten Formen wirkliche Nomina. Sie bilden wie jedes Nomen eine Singular- und eine Pluralform und nehmen keine Rücksicht auf die Zeiten. Zugleich sind sie aber doch auch Formen des Verbums und können als solche ein Objekt regieren. Letzteres geschieht jedoch nur selten und zwar kann als ihr Objekt nur das Pronomen separatum stehen, welches auch in diesem Fall zwischen das Präfix und den Stamm eingeschoben wird: *eje omundjikendise* er ist ein mich Bekümmernder; *ovarumendu ovemuronge* die euch ermahnenden Männer; *omuriẓepe* ein sich Tötender.

7. Von den Pronomen.

§ 212. Das Pronomen separatum, die ältere Form des persönlichen Fürworts, hat sich nur für einen zweifachen Gebrauch erhalten. Einesteils dient es nämlich als Stamm des Verbalpronomens dazu, diejenigen Beziehungen des Verbums, welche im Deutschen durch Flexionsendungen bezeichnet werden, durch Präfixe und Suffixe darzustellen. In dieser Bedeutung haben wir es bei den Konjugationsformen kennen gelernt. Ausserdem dient es als Objekt des Verbums, in welcher Bedeutung es, wie bereits angedeutet, immer unmittelbar vor dem Stamme desselben stehen muss: *ovakarere ve mu tanga* die Knechte lobten ihn; *ovarise va pendura oẓongombe nave ke ẓe hira* die Hirten trieben die Rinder auf und tränkten sie; *mba raerua okuveisana* es ist mir befohlen, sie zu rufen; *omundu ngui tjimuna omundjiẓepe* dieser Mensch scheint ein mich Tötender zu sein.

§ 213. Das eigentliche persönliche Fürwort nimmt dieselbe Stelle im Satze ein wie die Nomina überhaupt, d. h. als Subjekt steht es vor, als Objekt nach dem Verbum: *eje ma hingi* er treibt; *mave hingi je* sie treiben ihn.

§ 214. Da durch das Verbalpronomen sowohl die Person und Nominalklasse wie auch Singular, und Plural viel genauer unterschieden werden, als im Deutschen durch die Flexionsendungen geschehen kann, so braucht das persönliche Fürwort als Subjekt viel seltener gesetzt zu werden, als bei uns der Fall ist. Im allgemeinen dient es nur dazu, das Subjekt hervorzuheben. Z. B. in dem Satze: er wird arbeiten ist das Pronomen im Deutschen unentbehrlich, da man sonst nicht wüsste, ob »er«, »sie«, »es« oder »man« als Subjekt gemeint sei. Im Otjiherero dagegen würde der gleiche Satz: *ma ungura* durch Hinzufügen des Pronomens (also: *eje ma ungura*) um nichts genauer bestimmt werden; das Pronomen würde nur dazu dienen, das Subjekt hervorzuheben. In manchen Fällen, wo wir geneigt sind, auch im Otjiherero entsprechend dem Deutschen das Pronomen zu setzen, ist dasselbe nicht bloss überflüssig, sondern geeignet, den Herero irre zu führen. Nehmen wir z. B. den Satz: *omurumendu ua eta omuatje ue moskole, neje tj' a ʒa nokusuta otjimariva tjomahongero* ... der Mann brachte seinen Sohn in die Schule, und als er das Schulgeld gezahlt hatte .... Hier würde der Herero geneigt sein, das *eje* auf den Sohn zu beziehen, weil er sonst nicht wüsste, welchem Zweck dasselbe dienen solle. Er würde sagen: *nu tj' a ʒa nokusuta* ....

§ 215. In Negativsätzen geschieht die Hervorhebung des Subjekts gewöhnlich in der Weise, dass man dem Pronomen personale die verneinende Partikel *ka* vorsetzt und dadurch dasselbe zu einem besonderen Satze gestaltet, dem dann ein Relativsatz zu folgen pflegt: *kaje, ngua tjiti* nicht er hat es gethan; *kauo, mbu mave hungire* nicht sie sprechen. Sehr selten sagt man in dieser Bedeutung: *eje ka tjiti* u. s. w.

§ 216. Auch als Objekt steht dies Pronomen in der Regel dann, wenn dasselbe hervorgehoben werden soll, sonst pflegt man das Pronomen separatum zu setzen: *me mu hindi* ich sende ihn; *me hindi je* ihn sende ich.

§ 217. Das rückbezügliche Fürwort muss nicht wie im Deutschen immer an der Spitze des Relativsatzes stehen. Besonders wenn in demselben ein neues Subjekt auftritt, so geht dies dem Relativpronomen voraus: *ami mba kotora omuatje, ovanavita ngu va huurire* ich habe das Kind zurückgebracht, welches die Feinde geraubt hatten. Oft empfiehlt es sich aber, solchen Relativsatz passiv zu gestalten, wodurch das Subjekt dasselbe bleibt wie im Hauptsatze: *ami mba kotora omuatje, ngua huurirue i ovanavita.*

§ 218. Das Relativpronomen kann nie mit einer Präposition oder Konjunktion stehen. Wo der Sinn eine solche verlangt, da muss es nach dem Verbum als persönliches Fürwort mit derselben wiederholt werden: *omundu, ngu mba jandja oṟuvio ku je* der Mensch, dem ich das Messer gab; *eṯe matu randa ondjuuo, eṉe ndji mua hitire mu jo* wir werden das Haus kaufen, in welches ihr gezogen waret; *ouo va rondo kombanda jondundu, omuti ndjinga ua hapa kombanda jajo* sie stiegen auf den Berg, auf welchem der Baum wuchs; *oruvio, ndu mba kondo okati na ruo* das Messer, mit welchem ich den Stock abgeschnitten; *omurumendu, ngu tue ja na je* der Mann, mit welchem wir gekommen sind.

§ 219. Ebensowenig kann das Relativpronomen ein Genitivpräfix annehmen. Sätze wie: der Mann, dessen Kind hier war, lassen sich deshalb nicht bilden. Der Sinn muss so ausgedrückt werden, dass das Relativpronomen nicht in das Genitivverhältnis zu stehen kommt; in diesem Falle etwa: *ihe jomuatje, ngua ri muno* der Vater des Kindes, welches hier war.

§ 220. Fragende Fürwörter wie *aṉi, ṉe, tjike* haben ihre Stelle am Ende des Satzes, wenn sie nicht einen Satz für sich bilden: *ove ua isana aṉi?* wen hast du gerufen? *mave paha tjike?* was suchen sie? Dagegen: *ouaṉi, ngue ku isana?* wer ist es, der dich rief? *ngua tunga ondjuuo ndji, ouaṉi* der dies Haus gebaut hat, wer ist das?

Ebenso stehen die Fragepartikeln am Ende des Satzes.

8. Von den Adverbien.

§ 221. Das Adverb hat in der Regel seinen Platz hinter dem Verbum, bezw. hinter Verbum und Objekt, wenn ein solches folgt. Fast alle Adverbien des Orts und der Zeit können auch zu Anfang des Satzes stehen (vor oder nach dem Subjekt). Die durch diese Stellung herbeigeführte Veränderung in der Bedeutung entspricht derjenigen im Deutschen: *ma ungura nambano* er arbeitet jetzt; *nambano ma ungura* jetzt arbeitet er.

§ 222. Zu Anfang des Satzes (vor oder nach dem Subjekt stehen: *ngunda, nganda, tjandje, tjaa, inga, naṉi, indu* und *tjimuna*. Zwischen Subjekt und Verbum: *tji, otji, tjinga, otjinga* (Letztere beiden können in einzelnen Fällen jedoch auch vor das Subjekt treten).

§ 223. *Otja* steht mit nachfolgendem *tji* oder *tjinga*, wenn ein Verbum darauf folgt, sonst ohne dieselben. Im letzteren Falle heisst es »wie«, »als«: *ma jatata otja ami* sie nähet wie ich; *mba peua oŋongombe nḍa otja otjisuta* diese Rinder sind mir als Lohn gegeben; *ma jatata otja ami tji (tjinga) me jatata* sie nähet so, wie ich nähe. Wenn solche Sätze jedoch umgestellt werden, so dass der Nebensatz dem Hauptsatze vorausgeht, so steht ersterer mit *otja tji (tjinga)* und der Hauptsatz mit *otji (otjinga)*, welches letztere dann »so« heisst: *otja ami tji me jatata, eje uina otji (otjinga) ma jatata* wie ich nähe, so nähet sie auch.

Man verwechsele mit diesem *otja* nicht das gleichlautende, aber stets zu apostrophirende *otj' a*, welches aus *otji* und dem Verbalpronomen *a* oder *ua* der 3. Pers. Sing. der I. Nominalklasse zusammengezogen ist: *omurumendu otj' a* (aus *otji a* oder *otji ua*) *raere* so hat der Mann befohlen.

§ 224. *Uina* ist nur in Verbindung mit der Relativform des Verbums Adverb, heisst dann »absichtlich« und zwar gewöhnlich im bösen Sinne. Es muss dem Verbum unmittelbar folgen oder doch möglichst wenig von demselben entfernt stehen: *ove ua tjitire uina* du hast es absichtlich gethan; *eje ue ndji tonene uina* er hat mich absichtlich geschlagen. Siehe auch § 257.

§ 225. *Opu* ist Ortsadverb und heisst da, daher: *opu mave kara* dort (dabei) bleiben sie; *opu va ẓire* von dort kamen sie. Zugleich steht *opu* für die Konjunktion daher, deshalb. Siehe § 264.

§ 226. Für den adverbialen Begriff »von nun an« gibt es keine besonderen Wörter. In den meisten Fällen lässt der Begriff sich am besten durch die verdoppelte Relativform des Verbums ausdrücken: *nambano (opu) mo paterere ovandu* von nun an wirst du Menschen fangen; *nambano (opu) mo karerere omuhonge* von jetzt an bist du Lehrer; *nambano (opu) mo riririre omuhona* jetzt wirst du Häuptling werden.

§ 227. Der adverbiale Begriff »seit« kann wie folgt ausgedrückt werden: *ouje nga tji ua ẓire nokuutua* seit die Welt geschaffen ist (wörtlich: bis die Welt kam vom geschaffen werden). Besser wird in den meisten Fällen aber auch dieser Begriff durch die verdoppelte Relativform des Verbums bezeichnet, wobei *nga* stehen kann, aber gewöhnlich besser wegbleibt; nicht selten steht dabei auch *opu* oder *pu*: *ongerki ja Christus (nga) tji ja utirirua* oder *ongerki ja Christus pu ja utirirua* seit die Kirche Christi gegründet wurde; *(nga) tji mba tungiririre ondjuuo ndji* oder *pu mba tungiririre ondjuuo ndji* seit ich dies Haus gebaut habe.

§ 228. Die Zeit- und Ortsbestimmung von — bis, seit — bis drückt man durch *nga — nga* oder *tji* (mit oder ohne Relativform) — *nga* aus:

nga k' Otjimbingue nga k' Omaruru von Otjimbingue bis Omaruru; *nga erero nga ndino mba undju ove* von gestern bis heute habe ich auf dich gewartet; *ovahonge ovatenga tji va hita* (oder *tji va hitirira*) *mehi nga nambano mua kapita ozombura 50* seit die ersten Missionare ins Land kamen bis jetzt sind 50 Jahre vergangen.

§ 229. Die Bestimmungen da, daher, dahin werden nicht durch besondere Wörter oder Formen von einander unterschieden, sondern jedes der drei Wörter *ku, mu, pu* kann für jedes derselben stehen. Dasselbe gilt von *oku, omu, opu*, deren jedes für jeden der Begriffe wo, woher, wohin steht. Ebenso steht die Fragepartikel *pi?* für alle drei Ortsbeziehungen: (*tate ua ri konganda,*) *ku mba ri, ku mba zire, ku me i* (Vater war bei dem Dorf,) wo ich war, woher ich kam, wohin ich gehe; *oku va ri* da waren sie, *oku va zire* daher kamen sie, *oku mave i* dahin gehen sie; *ongombe i ri pi?* wo ist das Rind? *ongombe ja ka etua pi?* von wo ist das Rind geholt? *ongombe mai hingua pi?* wohin wird das Rind getrieben? Wie in diesen Sätzen, so steht *pi* immer am Ende des Satzes.

§ 230. Die Regel (§ 218), dass das Relativpronomen nicht mit einer Präposition stehen kann, gilt auch für den Fall, dass es als Zeit- oder Ortsbestimmung steht: *ejuva, ndi* (besser *ndinga*) *mbe ja* der Tag, an welchem ich kam; *ondjuuo, mu mua tura onuhonge mu jo* das Haus, in welchem der Lehrer wohnt.

Auch *ku, mu, pu* sind, wenn wie oben (§ 229. 230) gebraucht, als eigentliche Relativpronomen zu betrachten (§ 167 ff.).

§ 231. Bei dem Begriffe »etwas wozu machen« (z. B. jemand zum Könige) steht das zweite Substantiv ohne Präposition: *ouo ve mu tjiti onuhona* sie machten ihn zum Häuptling.

Die Begriffe »wozu annehmen«, »wofür halten« werden durch *isa po* und zwar ebenfalls ohne Präposition ausgedrückt: *omuhona ua munu omuatje omusiona n' e mu isa po omuatje ue* der Häuptling sah einen armen Knaben und nahm ihn zu seinem Kinde an; *mba munu otjihende outuku n' e tji isa po omundu* ich sah des Nachts einen Baumstumpf und hielt ihn für einen Menschen.

9. Von den Konjunktionen.

§ 232. Ueber den Gebrauch der Konjunktionen *na, nu, nunguari* merke folgendes im allgemeinen: *na* verbindet nur Wörter, nicht Sätze; *nu* verbindet Sätze und zwar sowohl kopulativ als adversativ; *nunguari* verbindet Sätze und zwar nur adversativ.

Na steht nach einer vollen Pause nur dann, wenn es die Bedeutung »auch« hat: *na ami mbi ri omukriste* auch ich bin ein Christ.

§ 233. Im zusammengezogenen Satze geschieht die Verbindung der Subjekte durch *na*, die der prädikativen Verben dagegen durch *nu* bei kopulativem und durch *nu* oder *nunguari* bei adversativem Verhältnis: *ami na ove na Johannes matu kara muno* ich und du und Johannes bleiben hier; *omurumendu ua ka jeva n' a* (= *nu a*) *ʒepa ombo narire* (= *nu arire*) *tj' a randisa omainja uajo* der Mann ging auf die Jagd und tötete einen Strauss und verkaufte die Federn desselben; *ovita via ru noupenda, nunguari kaavi uru omunavita* das Heer hat tapfer gekämpft aber den Feind nicht überwunden.

§ 234. Verben können wie überhaupt, so besonders auch im Imperativ, Jussiv oder Optativ nie durch *na* verbunden werden: *kumba nu ungura* bete und arbeite; *ovarise ngave hire oʒongombe nu ngave ʒe kotore konganda* die Hirten sollen die Rinder tränken und sie zur Werft zurückbringen; *ihe ua hongo ovanatje ve, kutja ve toore oʒondunge nu ve tjiue okurituara osemba* der Vater hat seine Kinder unterrichtet, damit sie verständig werden und wissen, sich richtig zu betragen.

§ 235. Bei kopulativem Verhältnis geschieht die Verbindung der Sätze durch *nu*, wo im Deutschen »und« steht, und bei adversativem Verhältnis ebenfalls durch *nu* oder, wenn der Gegensatz stärker hervortreten soll, durch *nunguari*: *tate ue ndji pere otjimbuke hi, nu me tjanguasi, kutja otjiua* Vater hat mir dies Buch gegeben, und ich glaube, dass es gut ist; *omuhona ma raere noukoʒu, novakarere mave ʒuu ku je* der Herr befiehlt mit Sanftmut, und die Knechte sind ihm gehorsam; *eʒe tue rirongere oujenda, nunguari omutjise uomuhona ue tu tjaere* wir hatten uns zur Reise fertig gemacht, aber die Krankheit des Häuptlings hielt uns zurück. Siehe § 259.

§ 236. *Nu* und *nunguari* stehen immer zu Anfang des Satzes, den sie anschliessen: *omurumendu ua tuara omuangu ue koujenda, nunguari ua sie omuʒena kue monganda* der Mann nahm seinen Bruder mit auf die Reise, seine Schwester aber liess er zu Hause; *nu ami nondjuuo jandje matu karere Jehova* ich aber und mein Haus wollen dem Herrn dienen.

In den meisten Fällen ist übrigens weder an der Schrift noch an der Aussprache zu erkennen, ob *na* oder *nu* gemeint ist, weil der Vokal der Konjunktion ausfällt.

§ 237. *Uina* steht in der Regel am Ende des Satzes, soll aber ein Wort durch dasselbe hervorgehoben werden, so tritt es unmittelbar hinter dasselbe: *ovakarere va tungu ondjuuo uina* die Knechte bauten auch ein Haus; *ovakarere uina va tungu ondjuuo* auch die Knechte bauten ein Haus.

§ 238. *Na* — *na* wird für »sowohl — als auch« gebraucht, steht aber auch oft, wo wir mit blossem »und« verbinden: *nomurumendu nomukazendu ve kuka* sowohl der Mann als auch die Frau (oder der Mann und die Frau) sind auf Besuch gegangen.

Wenn zwei persönliche Fürwörter im Singular als Subjekte durch *na* verbunden werden, so setzt man das erste gern in den Plural: *eje na ove tua isaneua* ich und du sind gerufen. Es hat das wohl seinen Grund darin, dass *na* eigentlich »mit« bedeutet.

§ 239. Der Begriff »weder — noch« wird ausgedrückt durch *na* — *na* mit nachfolgendem Negativ: *na ami na ove katu nakuura otjiungura hi* wörtlich: sowohl ich als du können diese Arbeit nicht bewältigen; *nomurumendu nomukazendu kaave tjiti nai* wörtlich: sowohl der Mann als die Frau haben nicht so gemacht.

§ 240. Ebenso fehlen entsprechende Wörter für den Begriff »entweder — oder«. Man drückt denselben auf verschiedene Weise aus, z. B.: *ndji pao ongu nang' arire ongombo* gib mir ein Schaf oder eine Ziege, wörtlich: gib mir ein Schaf und wenn es auch eine Ziege ist; *omukarere, ngu me hepa, ma rire omurumendu poo omuzandu* der Knecht, den ich nötig habe, ist ein Mann oder Jüngling; *omuhona tjinangara me ja ngahino, tjinangara me ja muhuka* der Häuptling ist entweder schon gekommen oder er kommt morgen.

§ 241. Ueber den Gebrauch von *orondu* (*ondu*), *orondu tji* (*ondu tji*) und *orondu kokutja* (*ondu kokutja*) ist folgendes zu bemerken: *orondu* (*ondu*) allein steht, wenn kein Verbum folgt (d. h. wenn die Kopula *ri* durch das nominale *o* vertreten ist): *orondu oeje, mbu tua tungu ondjuuo ndji* denn wir sind es, die dies Haus gebaut haben, wörtlich: die wir dies Haus gebaut haben. Wenn ein Verbum folgt, dann steht *orondu* (*ondu*) mit *tji* und in einzelnen Fällen statt dessen mit *kokutja*. *Tji* hat seinen Platz unmittelbar vor dem Verbum und wird deshalb oft weit von *orondu* (*ondu*) getrennt: *orondu ongombe tji mai nana naua* denn das Rind zieht gut; *orondu ovandu, mbe imbirahi omambo ua Mukuru, tji mave pandjara* denn die Menschen, welche das Wort Gottes verwerfen, werden verloren gehen. Wenn *tji* gar zu weit von *orondu* (*ondu*) entfernt wird, dann lässt man es mitunter ganz weg: *orondu ovandu, mbe hi nakukambura omambo ua Mukuru, ngung' ave hongua, (tji) mave kara mouhumandu* denn die Menschen, welche das Wort Gottes nicht annehmen, welches sie gelehrt werden, bleiben im Unglück. Besser ist es jedoch, in solchem Falle *tji* durch *kokutja* zu ersetzen. In diesen Sätzen kann überall statt des *tji* auch die verstärkte Form *tjinga* stehen.

Norondu (nu orondu) heisst »aber weil«. Siehe § 259.

§ 242. *Kokutja* folgt immer unmittelbar nach *orondu (ondu)*. Es muss dann statt *tji* stehen, wenn noch ein anderes *tji* (in der Bedeutung »wenn«) folgt: *orondu kokutja omundu tji ma tura ondjo, indino ma verua* denn wenn der Mensch sündigt, dann wird er bestraft.

Orondu (ondu) tji und *orondu (ondu) kokutja* ist am besten aufzufassen als »darum weil«, »darum dass«. Uebrigens kann es in allen Fällen sowohl »weil« als »denn« bedeuten.

§ 243. *Ndakuzu* (= *tjakuzu*) ist conditionale Konjunktion, welche in der Regel andeutet, dass eine Handlung unter einer bestimmten Bedingung hätte geschehen können, aber nicht geschehen ist, weil die Bedingung fehlte. Der Bedingungssatz geht dem Hauptsatze fast immer voraus. Letzterer wird angeschlossen entweder durch ein zweites *ndakuzu* oder durch die § 138 behandelten Formen des Verbums (*etj' e, otj' o, atj' a* u. s. w.) *Ndakuzu ove ua ungura, ndakuzu ua sutua* oder *otj' o sutua* wenn du gearbeitet hättest, so würdest du bezahlt worden sein; *ozongombe ndakuzu ze ere, ndakuzu tua kutire* oder *atj' atu kutira* wenn die Rinder gekommen wären, so hätten wir angespannt; *ndakuzu mba raererue, ndakuzu mba tuere otjikunino* oder *etj' e tuera otjikunino* wenn es mir befohlen worden wäre, so hätte ich den Garten gegraben. Die Formen *etj' e, otj' o, atj' a* u. s. w. können auch im Vordersatze stehen. Im Nachsatze werden dann entweder diese Formen wiederholt oder es folgt *ndakuzu*. Dabei bleibt es aber leicht fraglich, welcher Bedingungssatz und welcher Hauptsatz sein soll: *etj' e suta ovandu, atj' ave ungura* oder *ndakuzu va ungura* ich hätte die Leute bezahlt, wenn sie gearbeitet hätten, aber auch: wenn ich die Leute bezahlt hätte, so hätten sie gearbeitet.

Ndakuzu mit präfigirtem, gewöhnlich gedehnt gesprochenem *a* (*andakuzu, aandakuzu*) drückt ein Bedauern darüber aus, dass etwas nicht geschehen ist oder den Wunsch, dass es geschehen möge: *aandakuzu ua kara muno* wärest du doch hier geblieben; *andakazu mamu tu vatere* möchtet ihr uns doch helfen.

§ 244. *Tjinangara* ist nach Bedeutung und Gebrauch nahe verwandt mit *ndakuzu*. Es heisst »wenn«, »im Fall, dass«: *tjinangara mo rikora omuini, omambo uoje kae nakukamburua* wenn du von dir selbst aussagst, werden deine Worte nicht geglaubt werden; *tjinangara mo i, tjinangara me kara muno* im Fall du gehst, bleibe ich hier.

§ 245. *Kutja* entspricht unserem dass und ob, und wenn es doppelt steht, unserem ob — oder. Es steht entweder an der Spitze des subordinirten Satzes oder unmittelbar hinter dem Subjekt desselben.

§ 246. Wenn der durch *kutja* eingeleitete Satz eine einfache Aussage (Behauptung oder Verneinung), eine Ansicht oder Vermutung ausdrücken soll, so steht der Indikativ: *raera omuhona, ovakarere kutja va ungura naua* sag dem Herrn, dass die Knechte gut gearbeitet haben; *me tjiua, Mukuru kutja ke nakuisa ovandu, mbe rijameka ku je* ich weiss, dass Gott die Menschen nicht verlässt, welche ihm vertrauen; *hi nakutjiua, tate kutja ue ja* ich weiss nicht, ob Vater gekommen ist; *kutja ondu, kutja ongombo, hi i i* ob es ein Schaf oder eine Ziege ist, ich weiss es nicht; *hi nakutjiua, omundu kutja ua kara pehi, kutja ua ja* ich weiss nicht, ob der Mensch geblieben oder weggegangen ist.

Statt des zweiten *kutja* in den letzten Sätzen kann auch *poo* stehen.

§ 247. Wenn der durch *kutja* eingeleitete Satz einen Wunsch, eine Absicht, einen Zweck ausdrücken soll, so muss der Optativ stehen: *omundu ua rongo ovakarere, kutja ve ungure naua* der Mensch ermahnte die Knechte, dass sie gut arbeiten möchten; *mba pere omuatje otjimbuke, kutja e rihonge mu tjo* ich gab dem Kinde ein Buch, damit es darin lernen sollte; *tate ue tu hongo omihingo omiua, kutja tu tjiue okurituara naua* Vater hat uns gute Sitten gelehrt, damit wir wissen, uns richtig zu betragen. Wenn der Satz einen Befehl enthält, so steht der Jussiv: *tate ue tu raera, kutja ngatu kare monganda* Vater hat uns befohlen, dass wir im Dorfe bleiben sollen.

§ 248. In Sätzen, wie die unter § 246 angeführten, darf *kutja* fast nie ausfallen, was aber fast immer in Sätzen, wie den unter § 247, zulässig ist. Im Deutschen findet eher das umgekehrte Verhältnis statt.

Die ursprüngliche Form von *kutja* ist der Infinitiv *okutja* (zu sagen), welche für »nämlich« und »das heisst« gebraucht wird.

§ 249. *Poo* (oder) ist eigentlich Fragepartikel, steht aber auch in indirekter Frage und in Sätzen des Zweifels, welche ein Entweder — Oder enthalten. Es hat seinen Platz zu Anfang des Satzes, den es anreiht. Siehe § 259 ff.

10. Fragesätze.

§ 250. Die Frage kann weder durch die Stellung der Wörter noch durch die Form des Verbums als solche bezeichnet werden. Weder die direkte noch die indirekte Frage unterscheidet sich in diesen Beziehungen von der behauptenden Aussageweise.

§ 251. Die direkte Frage wird durch die Betonung und wenn nötig auch noch durch besondere Fragewörter kenntlich gemacht.

§ 252. Die indirekte Frage muss fast immer mit *kutja* (ob) stehen, auch wo im Deutschen ein entsprechendes Wort nicht erforderlich ist: *eje ua pura ovakarere, kutja va mana otjiungura (poo)?* er fragte die Knechte, ob sie die Arbeit vollendet hätten; *omuhonge ua pura, kutja oaṇi, ngua tea ekende?* der Lehrer fragte, wer das Glas zerbrochen hätte.

§ 253. Wie überhaupt, so auch in der Frage steht *kutja* nicht immer an der Spitze des Satzes: *mbe mu pura, okakambe kandje kutja ke ja (poo indee)?* ich fragte ihn, ob mein Pferd gekommen sei; *omurumendu ua pura, onḍu kutja ja pandjara pi?* der Mann fragte, wo das Schaf verloren sei.

Da die indirekte Frage der Form nach eine direkte Frage ist, so empfiehlt es sich, sie mit einem Fragezeichen zu versehen, wie in diesen Sätzen geschehen ist.

Der Herero ist kein Freund von direkten, bestimmten Antworten; er liebt es vielmehr, auf eine Frage durch eine Gegenfrage zu antworten: *omukarere uandje u ri pi?* wo ist mein Knecht? *me tjiua?* oder: *mbi mu i?* statt *hi nakutjiua* oder: *hi mu i* ich weiss es nicht; *mo ri puna eṭe (poo ndee)?* willst du mit uns essen? statt der Antwort etwa: *nokunia?* warum nicht? d. h. natürlich, gern; *omuatje uandje ua tea ekende (poo)?* hat mein Kind das Glas zerbrochen? Antwort: *pura ku je omuini* frag es selbst, statt *hi mu i* oder: *hi nakutjiua.*

11. Zusammengezogene Sätze.

§ 254. Wenn im zusammengezogenen Satze zwei oder mehr Subjekte stehen, so gelten bezüglich der Form des Verbums folgende Regeln:

1. wenn die 1. Pers. Sing. oder Plur. mit eingeschlossen ist, so hat das Verbum die Form der 1. Pers. Plur.: *ami na ove nomuṭena kuoje matu tura pamue* ich und du und deine Schwester werden zusammenwohnen;

2. wenn die Subjekte der zweiten und dritten Person angehören, so hat das Verbum die Pluralform der zweiten Person: *ove noẓongombe ẓoje mamu rara muno* du und deine Rinder übernachten hier;

3. wenn die Subjekte alle der dritten Person und zwar der gleichen Nominalklasse angehören, so bildet man das Verbum gewöhnlich nach dem Plural dieser Klasse: *etemba, nehoro, nekuva ja horekua pondjombo* der Tränktrog, der Eimer und das Beil waren beim Brunnen versteckt;

4. wenn die Subjekte alle der dritten Person, aber verschiedenen Nominalklassen angehören, so konstruirt man gewöhnlich nach dem

Plural der vierten Klasse: *omahoro, nozonjungu notutuo mavi kara mondjuuo* die Eimer, Töpfe und Löffel bleiben im Hause. Da jedoch die erste Klasse sich dagegen sträubt, mit anderen Klassen zusammen konstruirt zu werden, so vermeidet man Sätze, in welchen Subjekte der ersten mit solchen anderer Klassen unter einen Verbalbegriff gestellt werden. Statt: der Mann und sein Hund kamen hier vorbei, würde man etwa sagen: *omurumendu ua kapita mba pamue nombua je* der Mann kam hier vorbei mit seinem Hunde.

In den unter 3 und 4 angegebenen Fällen konstruirt man mitunter auch nach dem zuletzt stehenden Subjekt: *omahoro nozonjungu notutuo matu kara mondjuuo*. Diese Konstruktion ist aber weniger empfehlenswert.

§ 255. In zusammengezogenen Sätzen mit nur einem Subjekt, aber zwei oder mehr Verben wird die Zeit, welche der Redende im Auge hat, gewöhnlich nur an dem ersten Verbum bezeichnet. Die folgenden Verben pflegen im historischen Aorist oder mit *arire tji* und dem Imperfectum zu stehen: *muhuka matu i kondondu natu tuere otjikunino natu kunu ovimilisa* morgen gehen wir nach dem Flusse, graben den Garten und pflanzen Mais; *David ua veta Goliath motjipara n' a utuka ko, arire tj' a kondo otjiuru tje* David warf Goliath in die Stirn, lief hinzu und hieb ihm sein Haupt ab.

12. Zusammengesetzte Sätze.

§ 256. Die Verbindung der Sätze ist einfach und derjenigen im Deutschen ähnlich. Auch mehrfach zusammengesetzte Sätze hört man nicht selten und ein künstlicher Periodenbau ist nicht unmöglich, obwohl die geringe Zahl der Konjunktionen die Schärfe des Ausdrucks und die genaue Beziehung der Sätze aufeinander allerdings nicht selten beeinträchtigt.

§ 257. Rein kopulative Konjunktionen, d. h. solche, welche ausschliesslich kopulativ anreihen, fehlen. Am häufigsten geschieht die kopulative Anschliessung durch *nu*, nicht selten auch durch *na* in Verbindung mit *uina*, jedoch nicht mit *na* allein: *omuzandu ua ka jeva nu ihe ue mu kongorere* der Jüngling ging jagen und der Vater folgte ihm; *ombura ja uisa k' Otjikango nu k' Okahandja ja tono uina* das Gewitter entlud sich heftig zu Otjikango und zu Okahandja regnete es auch etwas; *ehi rovaherero ri rokua rumuerumue uri, nomahozu uaro je kukuta tjimanga, na uina omiti viaro vi hapa omikoko* das Land der Herero wird nur mitunter beregnet, sein Gras verdorret bald, ebenso wachsen seine Bäume krumm.

§ 258. Ein explanativer Satz, d. h. ein solcher, welcher dazu dienen soll, das im vorhergehenden Satze Angedeutete näher zu bezeichnen, kann durch *ohamukuao, okutja* und *otja* angeschlossen werden: *mokuti ngui mu kara ovipuka ovingi, ohamukuao* (oder *otja*) *oʒohorongo, noʒomenje, noʒonḍuno, noʒombuindja* in diesem Felde halten sich viele Tiere auf, als: Kuddus, Springböcke, Gemsböcke und Steinböcke; *mba ka eta etemba epe, okutja indi, ndi mba randa noʒongombe* ich habe einen neuen Wagen geholt, nämlich denjenigen, welchen ich für Rinder gekauft habe; *oʒonjoka oʒengi ʒe nouʒuvo otja ondara, nesu, nesoromutati, nohamukuao na inḍa* viele Schlangen haben Gift wie die Ondara, die Esu, die Esoromutati und dergleichen.

§ 259. Konjunktionen, welche einen adversativen Satz anschliessen, sind *nunguari, norondu, poo* und *nu* (letztere ist jedoch sowohl kopulativ als adversativ): *ohange kai nakupaha eʒe, nunguari eʒe matu s' okupaha nokuteʒa jo* der Friede sucht uns nicht, sondern wir müssen ihn suchen und ihm nachjagen; *o urua i ouvi, nunguari ura ouvi nokutjita ouua* werde nicht vom Bösen überwunden, sondern überwinde das Böse mit Gutesthun; *ovandu va hara okukotoka erero, norondu tji va tjaerua i onḍonḍu* die Leute wollten gestern zurückkommen, aber sie wurden durch den Fluss gehindert, wörtlich: aber weil sie durch den Fluss gehindert wurden (deshalb kamen sie nicht).

§ 260. Im letzten dieser Sätze heisst *norondu* (*nu orondu*) »aber weil«. Der dadurch angeschlossene Satz wird gewöhnlich abgebrochen: *mba hara okujaha omenje, norondu ondjembo tji ja tindi* ich hätte fast einen Springbock geschossen, aber weil das Gewehr versagte (deshalb gelang es nicht); *tua penduka omuhuka omunene, norondu oʒongombe tji ʒa pandjarere* wir standen früh morgens auf, aber weil die Rinder verloren waren (deshalb konnten wir nicht anspannen).

§ 261. Auch die durch *poo* angeschlossenen Adversativsätze werden oft abgebrochen: *njoko ue ja, poo* (*indee*)*?* ist deine Mutter gekommen oder (nicht)? *omukarere ua pura, kutja nga ende pamue, poo* (*nga kare konganda*)*?* der Knecht fragte, ob er mitgehen solle oder (zu Hause bleiben); *hi nakutjiua, ovakarere kutja va ungura naua, poo* (*kaave ungura naua*) ich weiss nicht ob die Knechte gut gearbeitet haben oder (ob sie nicht gut gearbeitet haben). Andererseits lässt man im Deutschen oft einen abgebrochenen Satz folgen, wenn nach »oder« ein anderer Gegenstand als Urheber derselben Handlung folgt, in welchem Falle das im Otjiherero nicht statthaft ist: *ove mo tungu ondjuuo ndji, poo omuangu uoje me i tungu?* wirst du das Haus bauen oder dein Bruder? *oviria via riua i oʒongombe poo* *via riua i oukambe?* ist das Getreide von Rindern gefressen oder von Pferden?

§ 262. Bei der causalen Satzverbindung ist zu unterscheiden, ob der angereihte Satz den Grund des vorhergehenden oder die Folgerung aus demselben angeben soll.

§ 263. Zur Bezeichnung des ersteren Verhältnisses dient die Konjunktion *orondu* (*ondu*): *rihonga okuungura, orondu okuungura tji maku puisa orutu nomutima* lerne arbeiten, denn das Arbeiten bewahrt Leib und Herz; *omukriste ma paha oruuto mejuru, orondu ouje mbui tji mau janda* der Christ sucht seine Heimstätte im Himmel, denn diese Welt vergeht; *matu suvere Mukuru, orondu tj' a tenge okusuvera ete* wir lieben Gott, denn er hat uns zuerst geliebt; *rijameka ku Mukuru, orondu kokutja tji mo rijameke ku je, indino mo jamua mouzeu auhe* vertraue auf Gott, denn wenn du auf ihn vertraust, dann wirst du beschützt in allen Schwierigkeiten.

Ausser mit »denn«, wie hier geschehen ist, kann *orondu* (*ondu*) überall auch mit »weil« übersetzt werden.

Mitunter lässt man *orondo* (*ondu*) ganz weg und sagt nur *tji* oder *tjinga*, was aber zweideutig und nicht empfehlenswert ist.

§ 264. Zur Anreihung eines Satzes, welcher die Folgerung aus dem vorhergehenden ausdrücken soll, dienen die Konjunktionen *otji, otjinga* und besonders *opu*. Alle drei Wörter sind zunächst Adverbien und heissen als solche *otji* und *otjinga* so, *opu* dort, daselbst; sie werden aber auch als causale Konjunktionen gebraucht: *tate ue ndji raere otjiungura hi, otji* (*otjinga*) oder *opu mbe tji tjiti* Vater hat mir diese Arbeit befohlen, deshalb habe ich sie gethan.

§ 265. Die klarste und gebräuchlichste Anreihung dieser Art geschieht durch *opu* in Verbindung mit dem Verbum *za*, worauf das Hauptverbum im Infinitiv oder mit *kutja* folgt. Dabei ist die Konstruktion des *za* auch dann persönlich, wenn man unpersönliche Konstruktion erwarten sollte: *tate ue ndji raera otjiungura hi, opu mba zu okutjitjita* (oder *kutja mbe tji tjiti*) Vater hat mir die Arbeit befohlen, deshalb habe ich sie gethan; *ozongombe za pandjarere, opu tua zire okuuhara kohambo* die Rinder waren verloren, deshalb blieben wir den Tag über bei dem Aussendorf. In Sätzen der Verneinung steht gewöhnlich nicht das Hauptverbum, wie man logisch erwarten sollte, sondern *za* mit der negativen Form: *omuhonge ke ere, opu tu ha zire okuhita moskole* (statt: *opu tua zire okuhahita moskole*) der Lehrer war nicht gekommen, deshalb gingen wir nicht in die Schule; *hi mba ri nombapira, opu mbi ha zire okutjanga kove*.

§ 266. Nach *opu* (*otji* und *otjinga*) in dieser Bedeutung kann weder der Imperativ noch der Jussiv stehen. Wo derselbe folgen sollte, da setzt man das Verbum *sa* und lässt das Hauptverbum im Infinitiv folgen: *omuungure omuṯakame poruje ma sutua, opu mo s' okuungura nouṯakame* nur der treue Arbeiter wird belohnt, deshalb arbeite treu.

13. Satzgefüge.

§ 267. Auch die Verbindung von Haupt- und Nebensätzen findet allgemeine Anwendung. Dieselbe geschieht im wesentlichen wie im Deutschen; aber es finden doch auch notwendige Abweichungen dabei statt, welche besonders durch das Fehlen aller Biegungsformen der Nomen bedingt sind.

§ 268. Die Wortfolge sowie die Form des Verbums ist auch im Nebensatze in der Regel die gleiche, wie wir sie in den selbständigen Sätzen kennen gelernt haben. Während im Deutschen der Nebensatz in der Regel teils an der Stellung des Hülfsverbums, teils an der Ungetrenntheit der trennbar zusammengesetzten Verben, teils endlich an den unterordnenden Konjunktionen erkennbar ist, pflegt im Otjiherero nur das letzte dieser Kennzeichen vorhanden zu sein. Eine Ausnahme bildet der Fall, wenn das Verbum eines Satzes mit der Optativform steht, was fast immer einen untergeordneten Satz anzeigt.

Zu den Konjunktionen rechnen wir im Nachfolgenden auch die Sätze verknüpfenden Relativpronomen, einschliesslich der von *okoṋa, omoṋa, opoṋa* abgeleiteten *ku, mu, pu* (§ 167 ff.).

§ 269. Der Subjektivsatz, d. h. derjenige Satz, welcher das Subjekt eines Hauptsatzes in Satzform ausdrückt, wird, ähnlich wie im Deutschen, vornehmlich durch relative Pronomen, selten durch *kutja* (= dass, ob) eingeleitet: *ua tura muno, ngue tu hongo* er wohnt hier, der uns unterrichtet hat; *ngu rara, p' a s' okuungura, ma kara nondjara, p' a hepa okuria* wer (= welcher) schläft, wo er arbeiten sollte, der leidet Hunger, wo er zu essen bedürfte; *ngua peua otjiungura, nga ungure nouṯakame* wem eine Arbeit gegeben ist, der arbeite mit Treue; *ngu me risusuparisa omuini, ma tongamisiua* wer sich selbst erniedrigt, der wird erhöhet; *maku korua, kutja mua koka omundu* es wird erzählt, dass ein Mensch gestorben sei; *indino maku horoka, kutja eje omusemba poo omunavineja* heute wird es offenbar werden, ob er rechtschaffen oder betrügerisch ist.

§ 270. Im Deutschen steht das den Nebensatz einleitende relative Pronomen nicht selten in einem der Casus obliqui (Genitiv, Dativ und Accusativ), was wegen des Fehlens der Kasusformen im Otjiherero nur selten möglich ist. Wenn das Relativpronomen als im Dativ oder Accusativ stehend zu denken ist, dann empfiehlt es sich oft, den Satz passiv zu konstruiren, so dass das Pronomen in den Nominativ zu stehen kommt: *ngua isirua oʒondjo oʒengi, ma suvere tjinene* wem viele Sünden vergeben sind, der liebt viel; *ngua isaneua i omuhona, ua itavere tjimanga* wen der König rief, der antwortete sogleich. Unmöglich ist es, am Relativpronomen den Genitiv zu bezeichnen. Ein deutscher Satz mit diesem Pronomen im Genitiv müsste im Otjiherero deshalb ganz umgestaltet werden: wessen Herz die Sünden liebt, der kann nicht wahrhaft glücklich sein. Dieser Gedanke könnte etwa wie folgt ausgedrückt werden: *ngu nomutima, mbu suvera oʒondjo, eje ke nakusora okuɳingapara tjiri* wörtlich: wer ein Herz hat, welches die Sünden liebt, der kann nicht wahrhaft glücklich sein.

§ 271. Der Objektivsatz (welcher das Objekt eines Hauptsatzes in Satzform ausdrückt) wird sehr oft durch *kutja*, aber auch durch die Relativpronomen eingeleitet. In beiden Fällen steht er fast immer hinter dem Hauptsatze: *ejova me rihungirire momutima ue, kutja eje omunaʒondunge poʒonongo* der Narr denkt in seinem Herzen, dass er klüger sei als die Weisen; *omundu tj' e nonjota, indino ma ʒemburuka, omeva kutja otjijandjeua otjiua tja Mukuru* wenn der Mensch durstig ist, dann erkennt er, dass das Wasser eine gute Gabe Gottes ist; *hi nakutjiua naua, omuhonge kutja ua tja nai poo indee* ich weiss nicht genau, ob der Lehrer so gesagt hat oder nicht; *me suvere, ngu suvera ami* ich liebe, wer mich liebet. Folgende deutschen Sätze müssen im Otjiherero umgestellt werden, damit der Nebensatz hinter den Hauptsatz zu stehen kommt: dass es einen Gott gibt, der die Welt geschaffen hat, haben auch viele Heiden erkannt *ovaheiden ovengi uina va ʒemburuka, kutja kuna Mukuru, ngua uta ouje*; wen Gott liebt, den züchtiget er *Mukuru ma viura, ngu ma suvere*. Noch besser ist es, diesen Satz passiv zu formen in der Weise wie § 270 bei den Subjektivsätzen angegeben: *ngu ma suverua i Mukuru, ma viurua i je*.

§ 272. Bei dem Adjektivsatze (welcher einen Adjektivbegriff in Form eines Relativsatzes ausdrückt) ist zu beachten, dass derselbe nicht bloss bezüglich der Nominalklasse und Zahl, sondern fast immer auch bezüglich der Person mit dem Nomen übereinstimmen muss, welches er näher bestimmen soll. Im Deutschen pflegt man solchen Nebensatz auch dann in der dritten Person auszudrücken, wenn das zu bestimmende Nomen der ersten oder zweiten Person angehört: *ouami, ngumba tungu ondjuuo ndji* ich bin es, der dies Haus gebaut hat; *oueŋe ovaenda mouje, mbu mu tjinda kejuru* ihr seid Pilger in der Welt, welche gen Himmel reisen.

§ 273. Die Adverbialsätze der Zeit werden, wenn sie nur die Uebereinstimmung des Zeitpunktes bezeichnen sollen, durch *tji (tjinga)*, wenn sie dagegen die Uebereinstimmung der Zeitdauer bezeichnen sollen, durch *ngunda (nganda)* und auch wohl durch *tjinga* eingeleitet: *oʒongombe maʒe ja konganda, tji mari toko* die Rinder kommen nach Hause, wenn es Abend wird; *tji mape tji, indino* (nicht *otjinga*) *oʒonjose maʒe ʒemi* wenn es Tag wird, so erblassen die Sterne; — *matu ungura, ngunda mamu suva* wir arbeiten, während ihr ruhet; *ovanatje va tjevere otjikunino, ovarumendu ngunda va* (oder *ngund' ave* oder *ngund' amave*) *hire oʒongombe* die Kinder bewachten den Garten, während die Männer die Rinder tränkten; *ami me kara muno, tate ngund' e hija kotoka* ich bleibe hier, während Vater noch nicht zurückgekommen ist; *omuangu uandje ma kara pove, ami ngund' ambi hija kotoka* mein Bruder bleibt bei dir, während ich noch nicht zurückgekommen bin. *Tjinga* lässt es fraglich, ob der Zeitpunkt, die Zeitdauer oder das Wie der Handlung verglichen werden soll: *ouo va ungura, tjinga tua ungura* sie arbeiteten, als wir arbeiteten oder: während wir arbeiteten oder: so wie wir arbeiteten. Jedoch liegt die letztere Auffassung am nächsten, weil in *tjinga* die modale Bedeutung vorherrscht.

§ 274. Wegen des Endes der Zeitdauer »bis« und wegen des Anfanges derselben »seit« siehe § 226 bis 228.

§ 275. Die modalen Adverbialsätze (zur Vergleichung des Wie zweier Handlungen) werden angefügt durch die Konjunktionen *otja tji (otja tjinga), tjinga, ajo, ohamukuao*, von denen *otja tji* und *otja tjinga* die modale Vergleichung am deutlichsten ausdrückt. Wenn der Hauptsatz vorausgeht, so pflegt er ohne Adverb zu stehen; folgt er dagegen nach, so beginnt er gewöhnlich mit *otji* oder *otjinga*: *ovanatje mave ritjindi, ovanene otja tjinga ve ritjindire* die Kinder betragen sich, wie die Eltern sich betragen haben; *karee ovanatjari, otja Iho mejuru tjing' e ri omunatjari* seid barmherzig, wie euer Vater im Himmel barmherzig ist; *otja tji* (oder *otja tjinga* oder bloss *tjinga*) *mo tjiti kovandu, otji* (oder *otjinga*) *mo tjitua* wie du den Menschen thust, so wird dir gethan werden; *ongombe mai utuka, ajo mai rambua i oʒombua* das Rind läuft, als ob es von Hunden gejagt wird; *eje me rihingi ohamukuao novandu, mbe he ri ovakriste* er führt sich auf wie Menschen, welche nicht Christen sind.

§ 276. Die Koncessivsätze (welche einen Vorgang trotz eines gewissen Umstandes als wirklich oder möglich darstellen) werden durch die Konjunktion *nanga (nanda)* eingeleitet: *Mukuru ma parura ovandu, nang' ave ha kumbu ku je* Gott ernährt die Menschen, wenn sie auch nicht (obschon sie nicht) zu ihm beten; *eŋe nang' amu rire ovanauvi, mamu sora okujandja ovijandjeua oviua kovanatje veŋu* obwohl ihr (wenn ihr auch) schlecht seid, könnt ihr doch euren Kindern gute Gaben geben; *nang' o rituara nokuhina Mukuru, ko nakusora okutupuka ku je* lebst du gleich ohne Gott, kannst du ihm doch nicht entfliehen; *nang' amu ha sora okuenenisa avihe, mbi mua raerua, karee ovaṱakame mu imbi, mbi mamu sora* könnt ihr gleich nicht alles vollbringen, was euch befohlen ist, so seid doch treu in dem, was ihr könnt. Wie diese Beispiele zeigen, fehlen entsprechende Wörter für »so«, »doch«, »dennoch«, wie sie im Deutschen beim Hauptsatze, wenn er dem Koncessivsatze folgt, zu stehen pflegen.

§ 277. Beispiele für kausale Adverbialsätze siehe § 263. 264 mit *orondu tji*, für finale Adverbialsätze § 247 mit *kutja* und dem Optativ, für Konditionalsätze die Adverbialsätze der Zeit § 273, denen sie völlig gleich sind.

14. Abkürzung der Nebensätze.

§ 278. Häufiger noch als im Deutschen pflegt man die Nebensätze abzukürzen. Vornehmlich geschieht das durch Anwendung des Infinitivs statt des Nebensatzes. Auf die Weise werden abgekürzt:

a) Substantivsätze, z. B. der Satz: dass mein Herz in den Dingen dieser Welt nicht Ruhe findet, das treibt mich an, den Himmel zu suchen, würde im Otjiherero besser so ausgedrückt: *okuhasuva kuomutima uandje moviŋa viouje mbui maku ndji hingi okupaha ejuru* das Nichtruhen meines Herzens in den Dingen dieser Welt u. s. w.;

b) Adverbialsätze der Zeit, z. B.: während er von Feinden umzingelt wurde, schlief er in Sicherheit: *mokukoverua i ovanavita eje ua rara moujara* im Umzingeltwerden von Feinden u. s. w.

c) Ganz besonders die Finalsätze pflegt man auf diese Weise abzukürzen: die Ameisen sammeln Speise im Sommer, damit sie nicht Mangel leiden im Winter *oȥombuka ȥe onga ovikuria moruṱeni okuhakaera mokupepera* wörtlich: nicht Mangel zu leiden im Winter; *tua peua omambo ua Mukuru okujeṱakamisa* das Wort Gottes ist uns gegeben, damit wir es bewahren, wörtlich: es zu bewahren.

§ 279. Obwohl der Herero es liebt, in kurzen abgerundeten Sätzen zu reden, bietet seine Sprache ihm doch die Mittel, seine Gedanken auch in mehrfach zusammengesetzten Sätzen und in verwickelten Perioden auszudrücken. Darauf näher einzugehen und die dabei nötigen Abweichungen vom Deutschen darzustellen, würde den Rahmen und die Aufgabe, welche wir uns gestellt haben, übersteigen.

Zugabe.

Mit dieser kleinen Zugabe wünscht man besonders Reisenden und solchen Ankömmlingen einen Dienst zu thun, welche, ohne vorher die Sprache gründlich erlernen zu können, mit den Herero verkehren müssen und deshalb das Bedürfnis empfinden, eine Auswahl der einfachsten und anfänglich am meisten vorkommenden Sätze sich zunächst anzueignen. Auf strenge systematische Ordnung glaubte man dabei verzichten zu können.

1.

Wer war soeben bei dir?	*Oaṇi, ngua ri pove* Wer ist es, welcher war bei dir [1]*nambano nai?* jetzt so?
Mein jüngerer Bruder war bei mir.	[2]*Omuangu uandje ua ri pu ami.* Jüngerer Bruder mein war bei mir.
Was hat er dir gebracht?	*Eje ua eta tjike* [3]*kove?* Er hat gebracht was zu dir?
Er hat mir ein Schaf gebracht.	*Eje ua eta onḍu ku ami.* Er hat gebracht Schaf zu mir.
Wo hat er das Schaf bekommen?	*Onḍu eje ua isa pi?* Schaf er hat weggenommen wo?
Er hat es von seinem Posten geholt.	*Eje ua* [4]*ka eta kohambo je.* Er hat geholt von Posten seinem.

[1] *Nambano nai* jetzt so heisst sowohl »vorhin« als »bald«.

[2] Es gibt kein Wort für Bruder oder Schwester im allgemeinen. Siehe *erumbi, omuangu* und *omuṭena*.

[3] Eigentlich *ku ove* d. h. zu du, wie oben *pove pu ove* d. h. bei du. Die Präpositionen *ku* (zu), *mu* (in), *pu* (bei) werden fast immer mit dem folgenden Wort kontrahirt.

[4] *Eta* heisst bringen, *ka eta* holen. Siehe § 144.

Hat er noch mehr Schafe?	*Eje u noҳondu oҳonguao poo?*
	Er hat Schafe andere ⁵oder?
Er hat noch viele Schafe und auch Ziegen.	*Eje u noҳondu oҳonguao oҳengi noҳongombo uina.*
	Er hat Schafe andere viele und Ziegen auch.
Hat er die Schafe gekauft?	*Oҳondu eje ue ҳe ⁶randa poo?*
	Schafe er hat sie gekauft oder?
Er hat sie gekauft.	*Eje ue ҳe randa.*
	Er hat sie gekauft.

⁵ *Poo* oder kann gewöhnlich wegbleiben. Siehe § 259.
⁶ *Randa* heisst kaufen, *randisa* verkaufen (eigentlich: kaufen machen).

2.

Wo ist dein Vater?	*¹Iho u ri pi?*
	Dein Vater ist wo?
Mein Vater ist im Hause.	*Tate u ri ²mondjuuo.*
	Mein Vater ist im Hause.
Von wo ist dein Freund gekommen?	*Omukueҏu ua ҳire pi?*
	Dein Freund ist gekommen ³wo?
Er kam aus dem Garten.	*Eje ua ҳire motjikunino.*
	Er kam aus Garten.
Wohin ist der Häuptling gegangen?	*Omuhona ua i ku ⁴tjiŋe?*
	Häuptling ist gegangen nach welchem?
Er ging nach Otjosaҳu.	*Eje ua i k' Otjosaҳu.*
Was will er da kaufen?	*Oku ma ⁵ka randa tjike?*
	Dort er geht kauft was?
Er wird einen Wagen kaufen.	*⁶Eje ma ka randa etemba.*
	Er geht kauft Wagen.
Für wen will er ihn kaufen?	*Eje me ri ⁷randere aŋi?*
	Er ihn kauft für wen?

¹ Es gibt kein Wort für Vater oder Mutter im allgemeinen. Siehe *ihe* und *ina*.
² und ³ Alle Präpositionen des Ortes stehen für das Sein an, die Bewegung nach und die Bewegung von dem Ort.
⁴ *Pi* steht für wo ganz allgemein, *tjiŋe*, wenn nach einem Ort (*otjirongo*) gefragt wird.
⁵ Das Verb wollen (*vanga*) wird in der Regel nicht gebraucht.
⁶ Das persönliche Fürwort wird nur ausnahmsweise gesetzt und kann auch in den obigen Fällen überall wegbleiben. Siehe § 214.
⁷ Das »für« liegt in der verlängerten Form des Verbums (*randere* statt *randa*). Siehe § 76 ff.

Er will ihn für seinen Sohn kaufen.	*Eje me ri randere* [8]*omuatje ue.*
	Er ihn kauft für Kind sein.
Womit bezahlt er den Wagen?	*Etemba ma sutu na tjike?*
	Wagen (er) bezahlt mit was?
Er bezahlt ihn mit Rindern.	*Me ri sutu noӡongombe.*
	Er ihn bezahlt mit Rinder.
Wann wird er zurückkommen?	*Ma kotoka ruṇe?*
	Er kommt zurück wann?
Er wird sogleich zurückkommen.	*Ma kotoka nambano nai.*
	Er kommt zurück jetzt so.
Wirst du ihm entgegengehen?	*Mo ka hakaena na 'je poo?*
	Du gehst begegnest mit ihm oder?
Ich werde ihm morgen entgegengehen.	*Muhuka me ka hakaena na je.*
	Morgen ich gehe begegne mit ihm.

[8] Es gibt kein genau entsprechendes Wort für Sohn oder Tochter; *omuatje* heisst Kind, *omuӡandu* Knabe, *omukaӡona* Mädchen.

3.

Wo bist du hin gewesen?	*Ove ua ire pi?*
	Du bist gegangen wo?
Ich habe die Rinder nachgesehen.	*Mba ka varura oӡongombe.*
	Ich ging sah nach Rinder.
Waren sie alle da?	*Aӡehe oku ӡa ri poo?*
	Alle da waren oder?
Nein, ich vermisste ein Rind davon.	*Ajee, mba* [1]*varura po ongombe imue.*
	Nein, ich vermisste dabei Rind ein.
Ist es denn verloren?	*Indu ja pandjara poo?*
	Denn es ist verloren oder?
Es wurde im Garten gefunden und der Hirte hat es daraus gejagt.	*Ja munika motjikunino, no-murise ue i rambere* [2]*mo.*
	Es wurde gefunden im Garten und Hirte hat es gejagt daraus.

[1] *Varura* heisst sowohl nachsehen, besonders ob etwas vollzählig da ist, als auch vermissen beim Nachsehen.

[2] Der Satz kann heissen: der Hirt jagte es darinnen, der Hirt jagte es hinein und der Hirt jagte es daraus.

Ist es aus der Pforte gegangen?	*Ja pitire* ³*momuvero poo?*
	Es ging hinaus durch die Pforte oder?
Nein, es ist durch (über) die Hecke gebrochen.	*Ajee, ja taurire orumbo.*
	Nein, es zerriss Hecke.
Wo werden die Rinder übernachten?	*Oȥongombe maȥe* ⁴*rara pi?*
	Rinder sie schlafen wo?
Wir werden eine Hürde machen und darin werden sie schlafen.	*Matu* ⁵*jumbu otjunda nomu maȥe rara.*
	Wir werfen Hürde und da sie schlafen.

³ *Rambere, pitire* und *taurire* sind Relativformen (§ 76 ff.), welche hier des lokativen Verhältnisses wegen stehen.

⁴ *Rara* heisst liegen, schlafen und übernachten.

⁵ Werfen, weil die Hürde, Kraal genannt, aus Dornzweigen besteht, welche geworfen werden, um die Hecke zu bilden.

4.

Der Hirt weidet Rinder, Schafe und Ziegen.	*Omurise u risa oȥongombe,* ¹*noȥonḓu, noȥongombo.*
	Hirte weidet Rinder und Schafe und Ziegen.
Der Mann baut ein Haus.	*Omurumendu ma tungu ondjuuo.*
	Mann baut Haus.
Das Haus wird von diesem Manne gebaut.	*Ondjuuo mai tungua i omurumendu ngui.*
	Haus wird gebaut durch Mann dieser.
Der Herr bezahlt den Knecht.	*Omuhona ma sutu omukarere.*
	Herr bezahlt Knecht.
Der Knecht wird von dem Herrn bezahlt.	*Omukarere ma sutua i omuhona.*
	Knecht wird bezahlt durch Herr.
In meinem Garten wachsen Bäume.	*Motjikunino tjandje* ²*mu hapa omiti.*
	In Garten mein darin wachsen Bäume.

¹ *Na* und wird fast immer mit dem folgenden Worte zusammengeschrieben.

² *Mu* ist hier eigentlich Verbalpronomen von *omoṇa* und entspricht unserem es.

Sein Garten trägt viele Früchte.	*Otjikunino tje tji hapisa ³ovi-* Garten sein macht wachsen Spei- *kuria ovingi.* sen viele.
Wer hat die Welt geschaffen?	*⁴Ouani, ngua ⁵uta ouje?* Wer ist es, welcher geschaffen Welt?
Himmel und Erde und alle Dinge sind von Gott geschaffen.	*Ejuru nehi novina avihe via utua i Mukuru.*

³ Für Frucht gibt es kein Wort.
⁴ Dieser Satz würde im Otjiherero besser passiv ausgedrückt: *ouje ua utua i ani?* durch wen ist die Welt geschaffen?
⁵ Für schaffen gibt es kein Wort; *uta* heisst anfangen.

5.

Wo kommst du weg?	*Ua ¹rara pi?* Du hast geschlafen wo?
Ich komme von der Werft des Katire.	*Mba rara ²koja* Ich habe geschlafen bei der (Werft) *Katire.* des Katire.
Wen hast du da getroffen?	*Oku ua vaza ani?* Dort du erreichtest wen?
Ich traf einen Händler.	*Mba vaza omurande.* Ich erreichte Händler.
Was hat der Händler gebracht?	*Omurande ua eta tjike?* Händler brachte was?
Er hat Kleider, Tabak, Messer, Branntwein und viele andere Sachen gebracht.	*Eje ua eta ozombanda, nomakaja,* Er brachte Kleider und Tabak *notuvio, nomeva omaruru* und Messer und Branntwein und *novina ovikuao ovingi.* Sachen andere viele.
Was handelt er ein für diese Sachen?	*Maranda tjike novina mbi?* Er handelt ein was mit Sachen diese?

¹ Statt wo kommst du weg sagt man bei der Begrüssung meist wo hast du geschlafen.
² Wenn man von dem Wohnort (*onganda, ohambo* u. s. w.) jemandes spricht, so braucht man in der Regel nur das Genitivpräfix, also die (nämlich Werft) des Katire.

Er kauft viele grosse Rinder.	*Ma randa oʒongombe oʒonene oʒengi.*
	Er kauft Rinder grosse viele.
Handelt er gut?	*Ma randa naua poo?*
Er handelt sehr gut.	*Ma randa naua tjinene.*
	Er handelt gut sehr.
Will er die Rinder behalten?	*Oʒongombe ma vanga okukara na ʒo?*
	Rinder er will sein mit sie?
Er will sie wieder verkaufen.	*Ma vanga okuʒerandisa rukuao.*
	Er will verkaufen sie wieder.

6.

Rufe einige der Knechte.	*Isana ovakarere tjiva.*
	Rufe Knechte einige.
Wie viele Knechte soll ich rufen?	[1]*Nge isane ovakarere* [2]*ivengapi?*
	Ich soll rufen Knechte wie viele?
Rufe sechs Knechte.	*Isana ovakarere hamboumue.*
Ich habe sie gerufen, aber sie kommen nicht.	*Mbe ve isana, nunguari kave nakuja.*
	Ich habe sie gerufen, aber sie nicht mit Kommen (haben kein Kommen).
Warum kommen sie denn nicht?	*Tji ve hi nakuja otjikuatjike?*
	Dass sie nicht mit Kommen, was ist es?
Der erste weigerte sich, der zweite sucht Pferde, der dritte ist krank, die anderen weiss ich nicht.	*Omutenga ua panḓa, utjavari ua ka paha oukambe, utjatatu ua vera, ovakuao hi ve i.*
	Erster weigerte sich, zweiter ist gegangen sucht Pferde, dritter ist krank, andere nicht ich sie weiss.
Sag ihnen, dass sie morgen recht früh herkommen.	*Ve raera, kutja muhuka ve* [3]*ritupuke okuja.*
	Sie sag, dass morgen sie früh sich aufmachen zu kommen.

[1] Der Begriff sollen ist in der Jussivform *nge* enthalten.

[2] Das Wort *ivengapi* (wie viele?) ist aufzulösen: *ve* (sie), *nga* (bis), *pi* (wo?) also sie reichen bis wohin?

[3] *Ritupuka* ist Reflexivform von *tupuka* (laufen), hat aber die Bedeutung früh morgens sich aufmachen angenommen.

7.

¹*Kora.*	Erzähle.
Ajee, hi nomambo.	Nein, ich habe keine Worte, d. h. habe nichts zu erzählen.
K' Otjimbingue mua ṯire tjike?	Was ist zu Otjimbingue gestorben, d. h. was hat sich da besonders zugetragen?
Kamua ṯire omundu.	Da ist noch kein Mensch gestorben.
Ombura ja roka poo?	Hat es geregnet?
Kai ja roka, ja tona kaṯiṯi uri.	Er (der *ombura* Regen) hat noch nicht geregnet, er hat nur ein wenig geschlagen, d. h. unbedeutend geregnet.
²*Omukendu, ngua randisa oukambe k' Otjimbingue?*	Was für ein Mensch ist das, der die Pferde auf Otjimbingue verkauft hat?
Tjimuna eje omuholandsa, ngua ẓire ku Kapa.	Es scheint, dass er ein Holländer ist, der von Kapstadt gekommen ist.
Neje ³*omukuatjike?*	Wie beschaffen ist er denn?
Ke ja tjiukua naua, nu tjimuna omusemba uri.	Er ist noch nicht genau bekannt (d. h. man weiss es noch nicht sicher), er scheint aber rechtschaffen zu sein.
Omuhona Z. ue mu minike po?	Hat der Häuptling Z. ihn gegrüsst?
Eje ue mu minike n' e mu pe ongombe.	Er hat ihn gegrüsst und ihm ein Rind geschenkt.
⁴*Ongengombe?*	Was für ein Rind?
Ue mu pe imbonde.	Er hat ihm ein schwarzbuntes Rind geschenkt.

[1] Die erste Frage an einen Ankommenden pflegt zu sein *ua rara pi* (s. Nr. 5); bald darauf folgt sicher die Aufforderung *kora*. Es verträgt sich aber durchaus nicht mit der Sitte und gilt als »ungebildet«, mit dem, was man zu erzählen hat, schnell herauszurücken. Man lässt sich nach bestimmt vorgeschriebenen Redewendungen erst eine ganze Weile nötigen. Dann werden bestimmte Fragen gestellt und mit Zurückhaltung beantwortet; endlich fängt dann der Gefragte an und erzählt umständlich, was er weiss. Auch fast jeder von Herero geschriebene Brief beginnt mit den Worten: »*hi nomambo*« ich habe keine Worte, d. h. nichts mitzuteilen, und selbst die allerwichtigsten Reden pflegen mit solcher Versicherung begonnen zu werden.

[2] und [4] Die Frage liegt in dem in das Substantiv eingeschobenen *ke*, bezw. *nge*, welche Silbe nach der Race, Art u. s. w. fragt. Siehe § 63.

[3] *Kuatjike* fragt nach der Beschaffenheit, ob gut, schlecht, stark, schwach u. s. w. Siehe § 62.

8.

¹*Ouaņi, ngue ku raera okukaeta etemba?*	Wer hat dir gesagt (befohlen), den Wagen zu holen?
Omuini ue ndji raera.	Der Eigentümer hat es mir befohlen.
Omuini ²uņe?	Welcher Eigentümer?
Omuini omunene, ngua eta omatemba omarande.	Der grosse Eigentümer, welcher die handelnden (d. h. die zu verkaufenden) Wagen gebracht hat.
Eje ue ku hindi puna ³aņi?	Mit wem hat er dich geschickt?
Eje ue ndji hindi puna ovakarere ve vevari.	Er hat mich mit seinen zwei Knechten geschickt.
Etemba ore omuini poo?	Ist das sein eigener Wagen?
Ajee, oromukuao, ngue ri ⁴jaʒema ku je.	Nein, seines Freundes (Gefährten), der ihn ihm geliehen hat.
Ove ua ka eta noʒongombe ʒa aņi?	Mit wessen Rindern hast du (den Wagen) geholt?
Mba ka eta noʒongombe ʒomuini uonganda.	Ich habe ihn mit den Rindern des Eigentümers der Werft geholt.
Oʒongombe ⁵iʒonge?	Was für Rinder sind das?
Tjiva oʒondjeo, tjiva oʒondaura.	Einige sind solche mit weisser Stirn, einige mit weissem Rücken.

¹ *Ouaņi* heisst wer ist es, worauf ein Subjektivsatz in relativer Form folgen muss. Man drückt den Sinn aber besser passiv aus: *ove ua raerua i aņi okukaeta etemba.*

² Siehe § 61.

³ Bei der vollen Form *ouaņi* liegt in dem *o* die Kopula (sein), als Objekt kann deshalb nur die kürzere Form *aņi* stehen.

⁴ *Jaʒema* kann sowohl leihen als borgen heissen.

⁵ Siehe § 63.

9.

Wo ist dein Vater?	*Iho u ri pi?*
Er ist auf Okahandja.	*U ri m' Okahandja.*
Was macht er dort?	*Oku ma ungura tjike?*
• Er baut ein Haus.	*Ma tungu ondjuuo.*
Warum baut er das Haus?	¹*Ondjuuo ma tungire tjike?*

¹ Das Objekt steht fast immer hinter dem Verbum. In diesem Falle steht es an der Spitze des Satzes teils wegen der Relativform des Verbums (*tungire* statt *tungu*), teils weil der Sinn des bestimmten Artikels ausgedrückt werden soll.

Weil der Häuptling es ihm gesagt (befohlen) hat.	Orondu omuhona tj' e mu raera.
Für wen baut er das Haus?	²Ondjuuo ma tungire ani?
Für den Bruder des Häuptlings.	Me i ²tungire omuangu uomuhona.
Was machst du denn?	Nu ove mo ungura tjike are?
Ich baue ein Haus für die Dienstboten.	Me tungire ovakarere ondjuuo.
Wann wird dein Vater das Haus vollenden?	Iho ma mana ondjuuo rune?
Er wird es in drei Monaten vollenden.	Eje me i mana momieze vitatu.
Wann wird das Haus der Dienstboten vollendet werden?	Ondjuuo jovakarere mai manuka rune?
Beide Häuser werden gleichzeitig vollendet werden.	Ozondjuuo azembari maze manuka tjimue.

² Das Objekt steht fast immer hinter dem Verbum. In diesem Falle steht es an der Spitze des Satzes teils wegen der Relativform des Verbums (*tungire* statt *tungu*), teils weil der Sinn des bestimmten Artikels ausgedrückt werden soll.

³ Die Präpositionen für, wegen, umwillen, statt werden durch die Relativform des Verbums ausgedrückt und können auf andere Weise nicht ausgedrückt werden, deshalb muss das Verbum hier wiederholt werden.

10.

Woher kommt das Korn?	Ovikokotua vi za pi?
Das Korn wächst in Gärten.	Ovikokotua vi hapa movikunino.
Gott lässt das Korn wachsen.	Mukuru u hapisa ovikokotua.
Er lässt es für die Menschen wachsen.	Eje u vi hapisira ovandu.
Wann ist dein Wagen gekommen?	Etemba roje re ja rune?
Er ist gestern gekommen.	Re ja erero.
Morgen geht er zurück.	Muhuka mari jaruka.
Mein Knecht wird ihn zurückbringen.	Omukarere uandje me ri jarura.
Wird er immer dort bleiben?	Mari ¹karerere poo?
Nein, später werde ich ihn wieder holen.	Ajee, kombunda me ri kotora.
Warum hast du die Knaben gestraft?	Ovazandu ove ue ve verere tjike?
Sie haben einander geschlagen.	Ouo va tonasana.
Warum haben sie einander geschlagen?	Va tonasanene tjike?

¹ Verdoppelte Relativform von *kara* (bleiben), welche einen immerdauernden Zustand anzeigt. Siehe *kara*.

Sie haben einander wegen des Essens (der Speisen) geschlagen.	Va tonasanene ovikuria.
Was hast du in den Sack gethan?	Ove ua pakere tjike mondjaṯu?
Ich habe Mais hineingethan.	Mba pakere mo ovimilisa.
Binde ihn zu.	Ri kuta (oder kuta ro).
Wer hat ihn denn losgebunden?	Nu ra kuturua i aṉi are?
Er ist von selbst losgegangen.	Ra kutuka orini.

11.

Womit bist du hergekommen?	Ove ua endere na tjike?
Ich bin mit einem Reitochsen gekommen.	Mba endere nongutirua.
Ist dein Reitochs so gross wie der meinige?	Ongutirua joje ja ṯeki pojandje po?
Sie scheinen gleich gross zu sein.	Tjimuna ẕa ṯeki pamue.
Der meine ist gross, meines Bruders ist grösser, aber meines Vaters ist der grösste.	Ojandje onene, ojerumbi randje onene komeho, nunguari oja tate onene komeho ja aẕehe (oder onene omanise).
Hast du Schafe nach Otjimbingue gesandt?	Ove ua hindi oẕonḏu k' Otjimbingue?
Ich habe sechs gesandt, aber der Hirt hat zwei davon verloren.	Mba hindi hamboumue, nunguari omurise ua pandjarisa po imbari (oder norondu omurise tj' a pandjarisa po imbari).
Ist dieser Knabe dein Kind?	Omuẕandu ngui eje omuatje uoje?
Es ist nicht mein eigenes, aber ich habe es als mein Kind angenommen.	Eje kauandje omuini, nunguari (oder norondu tji) mbe mu isa po omuatje uandje.

12.

Tiora oẕongune nu jakisa omuriro.	Sammle dürres Holz und mache Feuer an.
Nu tu pao ouparua.	Dann gib mir Streichhölzchen.
Ouparua u ri mondjaṯu korupati ruetemba.	Die Streichhölzchen sind in der Tasche an der Seite des Wagens.
Nge tereke tjike?	Was soll ich kochen?
Tereka oruihi nonjama.	Koche Reis und Fleisch.

Oruihi karu mo, ovandu va mana ongurova, nonjama ja ora.	Reis ist nicht da, die Leute haben ihn gestern Abend beendet (d. h. alle verbraucht) und das Fleisch riecht (oder ist faul).
Nu tereka oruhere omaʒe, nu kombunda matu poene okosiva.	Dann koche Mehl und (oder mit) Schmalz und nachher wollen wir Kaffee trinken.
Indino matu uhara muno poo matu kutire?	Werden wir heute den Tag über hier bleiben oder (wieder) anspannen?
Matu kutire omapeta tji tua ¹ʒu nokuria ovikuria, noʒongombe tji ʒa nu.	Wir werden nachmittag anspannen, wenn wir gegessen haben und wenn die Rinder getrunken haben.
Matu ka vaʒa konganda?	Werden wir das Dorf erreichen?
Ajee, matu ka rara ondjirakati, ku ku nomahoʒu.	Nein, wir werden halbwegs übernachten, wo Gras ist.

[1] Siehe § 198.

Wörterbuch.

Vorbemerkungen.

Wie bei Aufstellung der Grammatik, so hat man auch bei dem Wörterbuch vorwiegend das praktische Bedürfnis zu berücksichtigen gesucht. Die nach den § 22 ff. gegebenen Regeln von Verben abgeleiteten nominalen Formen, sowie die nach § 71 ff. von der Grundform der Verba abgeleiteten verbalen Formen sind in der Regel nicht besonders angeführt worden, weil dadurch das Wörterbuch viel zu umfangreich geworden wäre.

Von Verben, bei welchen zwei regelmässige Formen, eine transitive und eine intransitive, neben einander hergehen, z. B. *kotora* und *kotoka*, *jarura* und *jaruka*, *rara* und *rareka*, wurde gewöhnlich nur eine an ihren Ort gesetzt und die andere ihr beigefügt.

Ebenso wurde in der Regel jedes Substantiv nur mit dem ihm eigenen Präfix, nicht auch mit den zufälligen Präfixen, mit denen es gelegentlich gebraucht wird, aufgeführt. Für Mensch z. B. steht nur die Form *omundu*, nicht auch die Nebenformen *okandu* (kleiner Mensch), *otjindu* und *endu* (dicker Mensch), *orundu* (langer Mensch).

Manche Verben spricht man gern ohne den ihnen eigenen Anfangskonsonanten, z. B. *anda* statt *janda*, *ova* statt *vova*, *ora* statt *uora*. Wenn man solche Verben an der einen Stelle vermisst, so suche man sie an der anderen Stelle: *anda* z. B. findet man bei *janda*, dagegen *uora* bei *ora*.

Dem Singular der Substantive wurde nur ausnahmsweise der Plural beigefügt, weil die Bildung desselben im allgemeinen gar keine Schwierigkeit bietet.

Die hier und da beigefügten Zahlen beziehen sich auf die Paragraphen der Grammatik.

V. (gross) steht für Verbum, v. für siehe und S. für Substantiv. Die übrigen Abkürzungen werden keiner Erklärung bedürfen.

Andakuʒu; v. *ndakuʒu,* § 243.
aŋi? wer? *mo paha aŋi?* wen suchest du? *ouaŋi, ngua ri muno?* wer war hier? (wer ist es, welcher hier war?) § 60.
are? denn? *me hungire are?* rede ich denn?
arikana, Plur. *arikaneje,* ach, bitte: *arikana, ndji vatera* ach (bitte), hilf mir.
ajee nein.
ajo, Adv., wie, als ob: *eje me ritjiti ajo omuhona* er beträgt sich, als ob er Herr sei.

Eanda (ejanda), Plur. *omaanda (omajanda),* S., kastenartige Abteilungen im Volk, welche sich von der Mutter auf die Kinder forterben; vergl. *oruʒo.*
eha, S., Bürgerrecht, Wohnrecht; *omunaha* Bürger.
eheke, Plur. *omaheke,* S., Sand; der Plur. meist für Sandflächc, sandige Ebene.
ehi, Plur. *omahi,* Erde, Land, Acker, Erdball.
ehitahi, S., gemeiner Mensch, Dummkopf; v. *hita* und *ehi.*
eho, Plur. *omeho,* S., Auge.
ehoro, Plur. *omahoro,* Eimer.
ehoʒe, Plur. *omahoʒe,* S., Thräne.
ehoʒu, Plur. *omahoʒu,* S., Gras.
ehua, Plur. *omahua,* S., Dickicht, dichtes Gebüsch.
ehungi, Plur. *omahungi,* S., Erzählung, Geschichte.
ehuri, Plur. *omahuri,* S., Leber; *pehuri* an der Leber, d.h. Bauchhöhle, Oberleib (v. *eʒumo*); *ehuri rombaʒe* Fusssohle.
ei (eji), Plur. *omai (omaji),* S., Ei.
eimburiro, Plur. *omaimburiro,* S., Lied, Gesang; v. *imbura.*
einja, Plur. *omainja,* S., Feder und Haar (ausser Kopfhaar); v. *ondjise.*
ejaju, ovijaju und *oujaju,* S., Abscheu, Widerwille, Missfallen, besonders Abscheu vor Greuelthaten, auch Mitgefühl.
eje, Pron. pers., er, sie, es, § 47 ff.
ejo, Plur. *omajo,* S., Zahn.
ejendo (eendo), Plur. *omajendo (omaendo),* S., Grab.
ejova, Plur. *omajova,* S., Narr, Dummkopf, auch Pilz.
ejovi, Plur. *omajovi,* S., tausend.
ejuru, Plur. *omajuru,* S., Himmel (Nase, Nasenloch, dafür besser *euru*): *ma tuka pejuru* er springt in die Höhe; *tjiri pejuru;* v. *jana.*
ekaja, Plur. *omakaja,* S., Tabak, gewöhnlich im Plural.
ekara, Plur. *omakara,* S., Kohle.
eke, Plur. *omake,* S., Hand; *eke enene* rechte Hand; *eke emoho* linke Hand; *eke romunoko* Maurerkelle.
ekende, Plur. *omakende,* S., Eis, Glas, Porzellan.
eko, Plur. *omako,* meist im Plural, Abfall, Ueberbleibsel, z. B. Aehren beim Ernten, Gras auf der Weide, auch für Aehre überhaupt.
ekoo, S., das Umzingeln, die Umzingelung; v. *orukova, omukova, kovera.*
ekori, Plur. *omakori,* S., Hut, Mütze, d. h. jede Kopfbedeckung.

ekoro, Plur. *omakoro*, S., Schoss, Vorderseite im Gegensatz zu *etambo* (Rücken).
ekoti, Plur. *omakoti*, S., Lappen (zum Flicken).
ekuamo, Plur. *omakuamo*, S., Gurt, Gürtel.
ekuara, Plur. *omakuara*, S., Krähe, Rabe.
ekuju (ekuu), Plur. *omakuju (omakuu)*, S., Feige; *omukuju* und *omukujumbua* Feigenbaum.
ekuma, Plur. *omakuma*, S., Wand, Ziegenpeter; v. *omukuma*.
ekumbu, Plur. *omakumbu*, S., Pfropfen, Stöpsel.
ekunde, Plur. *omakunde*, S., Bohne.
ekunino, Plur. *omakunino*, S., Garten- und Ackerland; v. *otjikunino* und *kuna*.
ekura, Plur. *omakura*, S., Gleichaltriger, Gleichwürdiger; *ekurandje* der gleichen Alters, gleicher Würde mit mir ist.
ekutu, Plur. *omakutu*, S., grosser Sack; v. *ondjatu*.
ekuva, Plur. *omakuva*, S., Axt, Beil.
embo, Plur. *omambo*, S., Wort, auch Haufen, Klumpen im Gegensatz zu Zerstreuung, z. B.: *oɀongombe ɀe ri membo* die Rinder sind auf einem Haufen, sind nicht zerstreut.
ena, Plur. *omana*, S., Name; v. *ruka*.
eŋe, Pron. pers., ihr, § 47 ff.
endjembere, Plur. *omandjembere*, S., Beere von gewissen Bäumen, vom Weinstock u. s. w.
endongo, Plur. *omandongo*, S., Storch.
enga, Plur. *omanga*, S., Speer.
enga, e, ere, V. trans., ernstlich wonach trachten, besonders auch Böses zu thun; *riengera* etwas begehren (zu besitzen).
engongua, Plur. *omangongua*, S., eine rote Wespe.
engoti, Plur. *omangoti*, S., Genick, Nacken.
eŋi, Plur. *omaŋi*, S., Fettfleck, Schmutzfleck.
eningiriro, Plur. *omaningiriro*, S., Bitte; v. *ningira*.
enjando, auch *omanjando*, S., Freude.
eo, Plur. *omao*, S., weites Wasserloch im Felsen.
epaha, Plur. *omapaha*, S., Zwillinge, Zwillingsgeburt, d. h. die beiden Zwillinge zusammen bilden die *epaha* (der Einzelne ist *ouepaha*).
epando, Plur. *omapando*, S., Fessel, Band; v. *pandeka*.
epatje, Plur. *omapatje*, S., Munterer, Aufmerksamer, Umsichtiger.
ependa, Plur. *omapenda*, S., Tapferer, Held.
epeɀe, S., Platzregen.
epia, Plur. *omapia*, S., Harz.
epu, Plur. *omapu*, S., Knoten.
epuku, Plur. *omapuku*, S., Maus.
eputi, Plur. *omaputi*, S., Mühsal, das Ueberlastetwerden mit Mühe und Arbeit.
eraka, Plur. *omaraka*, S., Zunge, Aussage, Sprache.
erambu, S., Magerkeit, Abmagerung; v. *rambuka*.
eraru, S., Essgier, Heisshunger.

erero, Plur. *omarero*, adverbial gebrauchtes Substantiv, Sing. gestern, Plur. in den letztvergangenen Tagen; *ererona* (= klein *erero*) vorgestern.
erike, Adj., einziger, alleiniger, v. § 67 am Ende; vergl. *peke*.
erindi, Plur. *omarindi*, S., Teich, Weiher.
erumbi, Plur. *omarumbi*, S., Aelterer unter Brüdern, Aeltere unter Schwestern; v. *omuangu*, *omuṯena*, *omuẓamumue*.
erunga, Plur. *omarunga*, S., Dieb, diebischer Mensch, auch die Frucht der Ovambopalme.
eruẓe, Plur. *omaruẓe*, S., Wald grosser Bäume.
esembi, Plur. *omasembi*, S., Chamäleon.
esere, Plur. *omasere*, S., hundert.
eso, Plur. *omaso*, S., Ast, Zweig, Blatt; *esoromutati* eine giftige Schlange.
esu, Plur. *omasu*, S., eine sehr giftige Schlange, Pufotter.
esuru, S., Erkältung, Schnupfen.
esuẓu, S., Schaum.
eta, *a*, *ere*, V. trans., bringen; mit *ka* (*ka eta*) holen.
eta, Plur. *omata*, S., Tropfen.
eṯa, Plur. *omaṯa*, S., Nachlass eines Verstorbenen sowie Austeilung desselben.
etako, Plur. *omatako*, S., Hinterbacke.
etambo, Plur. *omatambo*, S., Rücken; *etambo rondjuuo* Rücken des Hauses, d. h. Dach.
etando, S., Totenklage; v. *ondoro*.
etanga, Plur. *omatanga*, S., Melone.
etangara, Plur. *omatangara*, S., Tiermagen.
eṯe, Pron. pers., wir, § 47 ff.
etemba, Plur. *omatemba*, S., Tränktrog, Wagen.
etemo, Plur. *omatemo*, S., Gartenhaue (Otjambowort).
eteva, Plur. *omateva*, S., Milz, Milzbrand.
etiku, meist Plur. *omatiku*, S., Verstellung, Ueberlistung.
etiva, Plur. *omativa*, S., Made; Dimin. *okatiuona*.
etjo, Plur. *omatjo*, S., Tafelberg, d. h. hoher oben platter Fels.
etjo (*eetjo*)? Adv., wirklich? v. *otjo* (wirklich, so ist es).
etuangoma, Plur. *omatuangoma*, S., ein grosser Vogel, »Pau«.
eṯukuhuka, S., der letzte Teil der Nacht.
etundu, Plur. *omatundu*, S., verlassenes Dorf.
eṯundu, Plur. *omaṯundu*, S., Gehöft, Wohnhaus und Zubehör.
eṯupa, Plur. *omaṯupa*, S., Knochen.
etuẓa, S., Hautkrankheit der Schafe.
eue, Plur. *omaue*, S., Stein; *ombaue* Kieselstein.
euru, Plur. *omauru*, Nase, Nasenloch; v. *ejuru*.
evambi, Plur. *omavambi*, S., Schulterblatt.
evere, Plur. *omavere*, S., Frauenbrust; v. *otjiua*.
everi, Plur. *omaveri*, S., erstgeborenes Kind.

ezuko, Plur. *omazuko*, S., Feuerstelle, Herd.
ezumo, Plur. *omazumo*, S., Unterleib, Schwangerschaft.

Ha (hea), hee, heere, V. trans., meinen, d. h. im Auge haben, beabsichtigen: *me hee ove* ich meine dich; *ove ua heua* du bist gemeint.
haama, a, ene, V. intr., sitzen, besonders auf der Erde.
haha, a, ere, V. intr., fade, geschmacklos, laff sein. Zunächst von Speisen, dann auch von Menschen, Tieren u. s. w.; *hahisa* geschmacklos machen; *rihahisa* sich geschmacklos machen; *rihahiza* allen Mut, alle Hoffnung aufgeben, d. h. verzweifeln.
hahu, Adj., fade, laff, geschmacklos, v. *haha*.
haka, a, ere, V. trans., zeichnen, d. h. ein Zeichen an etwas machen, erraten; *ehakua* Rätsel.
hakaena, e, ene, V. intr., bis an etwas reichen; mit *na* jemand begegnen: *mba hakaene na je* ich bin ihm begegnet.
hakahana, a, ene, V. intr., rührig sein, eilen, sich beeilen.
hakana, a, ene, V. trans., entreissen.
hamba, a, ere, V. trans., über etwas springen, bespringen (von Kleinvieh).
hambombari, Zahlwort, sieben.
hambondatu, Zahlwort, acht.
hamboumue, Zahlwort, sechs.
hambuna, a, ine, V. trans., ausgiessen, aus einem Gefäss in ein anderes, einschenken.
hambura, a, ire, V. trans., schmieden; *omuhambure* Schmied.
hana, a, ene, V. trans., abführen, d. h. Diarrhöe haben.
hana, a, ene, V. trans., teilen, trennen, zerstreuen; *hanika* auseinanderfallen, zerteilt, zerstreut werden.
handjisa, a, ire, V. trans., zergen, ärgern, reizen.
hanga, a, ere, V. trans., vereinigen, aneinanderziehen, Krieger zum Feldzuge, Perlen auf die Schnur.
hangana, a, ene, V. intr., sich mit einander aussöhnen; *hanganisa* Versöhnung, Frieden stiften.
hangatena, e, ene, V. trans., sich feindlicher Weise an jemand anklammern.
hanjanjanja, a, ere, V. intr., ausstrahlen, wie die Sonne; *ohanja* Lichtstrahl.
hapa, a, ere, V. intr., wachsen, sich vergrössern.
hapuita, a, ire, V. trans., fressen, verschlingen.
hara, a, ere, V. intr., mit nachfolgendem Infinitiv, im Begriff sein, etwas zu thun: *mba hara okuua* ich war im Begriff zu fallen, wäre fast gefallen; mit nachfolgendem Substantiv, etwas bekommen: *omuzandu ua hara orujezu* der Jüngling hat einen Bart bekommen; *omuti ua hara ozosunda* der Baum hat Blüten bekommen; *ombanda ja hara ondova* das Kleid hat Schmutz bekommen, ist beschmutzt.
harupu, Adj., willig, dienstfertig; *omutima omuharupu* Gutmütigkeit.
havera, e, ere, V. intr., auf etwas sitzen; v. *haama*.

haze und *hazendu*, Adj., unordentlich, nachlässig, in der Kleidung, im Betragen; *ouhazendu* Unordnung; *haze* nicht von Menschen gebraucht.

hekununa, a, ine, V. trans., beruhigen, z. B. ein weinendes Kind, einen Aufgeregten, Erzürnten, Betrübten trösten.

hemba, e, ere, V. trans., verspotten.

hembakana und *hembandina*, Präp. und Adv., jenseits, z. B. eines Flusses.

hena, e, ene, V. intr., sich wegstehlen, heimlich entweichen.

hendama, a, ene, V. intr., schief stehen, nach einer Seite lehnen.

henja, e, ere, V. trans., scheren, Haar vom Kopf, Wolle vom Schaf.

hepa, a, ere, V. trans. und intr., bedürfen, bedürftig sein; *ouhepe* Bedürftigkeit, Bedürfnis; *omuhepundu* dürftiger Mensch, d. h. Witwe. Der Infinitiv wird auch als Ausdruck des Dankes gebraucht: *okuhepa, muhona uandje* bedürfen, mein Herr, d. h. die Gabe kommt meinem Bedürfnis entgegen; *hepera* für jemand sorgen, jemandes Bedürfnisse stillen, wörtlich: für jemand Mangel leiden.

hera, e, ere, V. intr., vor Freuden mit etwas (Arm, Speer u. s. w.) in der Luft herumfahren.

herero, Adj., für alles die Herero Betreffende; *omuherero* der Herero; *otjiherero* Hereroweise; *oherero* Hererodorf u. s. w.

heruka, a, ire, V. intr., herabsteigen, z. B. vom Wagen; trans. *herura*.

heza, a, ere, V. intr., ausgleiten; *heze*, Adj., glatt, schlüpfrig sein; *ondjira oheze* schlüpfriger Weg.

hihama, a, ene, V. trans., Verlangen, Begierde, Leidwesen erwecken: *omuatje ma hihama komutima uandje* das Kind erweckt Verlangen in meinem Herzen, d. h. mein Herz verlangt nach dem Kinde. Das Passivum *hihamua* heisst Schmerz empfinden; *hihamisa* Schmerz bereiten, peinigen.

himbaura, a, ire, Verb. trans., in Stücke, Fetzen zerreissen; intr. *himbauka*.

himua, ua, inue verwundert sein, sich verwundern; *himisa* Verwunderung erregen; *otjihimise* Verwunderung Erregendes, Wunder.

hinda, i, ere, V. trans., senden, schicken; *omuhindua* Gesandter, Bote; *rihinda* nach eigenem Willen (Antrieb) wohin gehen.

hinga, i, ire, V. trans., treiben, antreiben; *rihinga* sich selbst antreiben; vom Winde heisst *hinga* wehen: *ombepo mai hingi* der Wind weht; auch *ma hingi ongarero osemba* er treibt einen guten Wandel, führt sich gut auf; v. *omuhingo*.

Hipo, Eigenname, wird gebraucht wie *Karunga* und *Ndjambi*, aber auch wie »der Nichtseiende«, z. B.; *Hipo ma tjiua* der Nichtseiende weiss es, d. h. niemand weiss es.

hira, e, ire, V. trans., tränken; *nua* trinken.

hirona, Adj., ordentlich; *omuatje omuhirona* ein ordentliches Kind, d. h. ein Kind mit ordentlichen Kleidern, ordentlichem Betragen; *ouhirona* Ordnung; vergl. *haze*.

hita, i, ire, V. intr., hineingehen, von Sonne, Mond und Sternen: untergehen; vergl. *pita*.

hiva, i, ire, V. intr., pfeifen, flöten, hervorragen, z. B. eine Perle vor anderen auf der Schnur, ein Mensch unter anderen; *hivirika*, trans. von *hiva*.
hoha, a, ere, V. trans., hinzufügen, zugeben (beim Tauschhandel); *hohe*, Adj., die Zugabe; *otjitenda otjihohe*.
hoka, a, ere, V. intr., ausfallen, von Haar und Federn; trans. *hora* rupfen, ausraufen.
homona, a, ene, V. trans., ausziehen, z. B. einen Dorn aus dem Fleisch, einen Stiel aus der Axt; die intr. Form *homoka* auch den Verfolgern entweichen.
hona, o, ene, V. intr., kriechen, sehr langsam gehen.
hona, Adj., herrschaftlich; *omuhona* der Herr, Häuptling; *ohona* das herrschaftliche Dorf; *ouhona* Herrschaft, Reich; *honapara* Herr sein, die Herrschaft führen.
hondja, o, ere, V. trans., zusammenfügen, die Enden zweier Stöcke, Fäden, Bretter, einen Beinbruch u. s. w.: *omambo mae hondjo nokuti* die Worte verbreiten sich im ganzen Lande.
honga, o, ere, V. trans., behauen, behobeln, lehren; *rihonga* sich lehren, d. h. lernen.
hongonona, a, ene, V. trans., aussagen, bezeugen, behaupten.
hongora, a, ere, V. trans., anführen, als Anführer vorausgehen; *omuhongore* Anführer, z. B. einer Truppe.
honina, e, ine, V. trans., etwas beschleichen, bekriechen.
hora, o, ere, V. trans., auskundschaften, spioniren; ursprünglich wohl *hoʒa*; *ohoʒe* Spion.
hora, o, ere, V. intr., reifen, reif werden, auch dürre, steif werden: *eke re ra hora* seine Hand ist steif geworden.
horeka, e, ere, V. trans., verbergen, verheimlichen, aufbewahren.
horera, e, ere, V. trans., nachahmen, einem Vorbilde, gewöhnlich mit *ku*: *matu horere ku Jesus* wir ahmen Jesu nach; *otjihorera* Vorbild.
horoka, a, ere, V. intr., in die Erscheinung treten, offenbar, bekannt werden; trans. *horora*.
hoveka, e, ere, V. trans., vermischen (Verschiedenartiges).
hua, huu, huire, V. trans., schmieren, beschmieren, anstreichen.
huanga, a, ere, V. trans., übertragen, anstecken (Krankheit): *omutjise mbui mau huanga* diese Krankheit steckt an; *oʒongombe maʒe huangasana* die Rinder stecken einander an.
huaraka, a, ere, V. intr., schmeicheln (besonders um der Strafe zu entgehen); v. *okahuaraka*.
hue, Interj. der Verwunderung über eine grosse Menge: *ovandu ovengi, hue!*
hueka, e, ere, V. trans., einstecken, z. B. das Schwert in die Scheide; *otjihueko* Scheide, z. B. des Schwertes.
huhumiɲa, e, ine, V. trans., fast = *hekununa*.
huika, e, ire, V. trans., in Brand stecken.

huikika, e, ire, V. trans., ankleiden, bekleiden.
huka, u, ire, V. trans., abwerfen durch einen Ruck, wie das Pferd den Reiter.
hukuka, a, ire, V. intr., abfallen, wie das Beil vom Stiel, die Kleider vom Körper; trans. *hukura*.
huma, u, ine, V. intr.,-unglücklich, behext sein.
humandu, Adj., unglücklich; *omundu omuhumandu*; *ongombe ohumandu*; v. *huma*.
humburuka, a, ire, V. intr., ausweichen, auf die Seite, aus dem Wege gehen; trans. *humburura*.
hunga, u, ire, V. trans., pflegen (einen Kranken), auch stossen (wie ein Ochs), ins Unglück stürzen.
hungama, a, ene, V. intr., in gerader Richtung auf ein Ziel zugehen. Steht mit *na* als Präposition: *mave hungama nondundu* sie gehen geraden Wegs auf den Berg zu.
hungira, e, ire, V. trans., reden, sprechen, besprechen: *me hungire omambo* ich rede Worte; *me hungire ovita* ich spreche vom Kriege.
hungu, Adj., mit unbedecktem Kopfe, z. B. eine Frau ohne Haube, ein Rind ohne Hörner, ein Berg ohne Spitze; v. *oruhungu*.
hupa, u, ire, V. intr., übrig bleiben, am Leben bleiben: *ovikuria tjiva via hupu* einige Speisen sind übrig geblieben; *omuvere tjimuna ma hupu* der Kranke scheint am Leben zu bleiben.
hupita, e, ire, V. trans., küssen; *oruhupito* Kuss.
hupura, a, ire, V. trans., graben, besonders einen Brunnen, nicht vom Graben des Ackers; vergl. *sa* und *tuera*; *otjihupuro* Grabscheit.
hura, u, ire, V. trans., Zuneigung (Liebe) zu etwas haben, wie Braut und Bräutigam, Mann und Frau, Mutter und Kind; vergl. *suvera*; *oruhuro* Begierde (besonders geschlechtliche).
huura, a, ire, V. trans., gefangen nehmen.

I, V. trans., wissen, kennen, § 152.
ih, Interj. des Missfallens, der Enttäuschung.
ihe, Plur. *ooihe*, Vater der dritten Person, sein, ihr Vater; *iho* Vater der zweiten Person, dein, euer Vater; *tate* Vater der ersten Person, mein, unser Vater.
iho, Plur. *ooiho*; v. *ihe*.
ii, Adv., ja.
imuviu (und *hambomuviu*), Zahlw., neun.
ina (iina), Plur. *ooina*, Mutter der dritten Person, seine, ihre Mutter; *njoko* Mutter der zweiten Person, deine, eure Mutter; *mama* Mutter der ersten Person, meine, unsere Mutter; Nebenform *otjiina* Mutterbiene, Mutterameise, Mutterkartoffel u. s. w.
indee, Adv., nein.
indjo; v. *ja*.
inga, Adv., noch: *inga ma kara muno* er bleibt noch hier.

ingi, Zahlw., viel, § 41.
ingona, Adj., begünstigt, geliebt; *omundu omuingona*; *ongombe ondjingona*; v. *ingoneka*.
ingoneka, e, ere, V. trans., begünstigen, bevorzugen; v. *ingona*.
ini selbst; *omuini* auch Eigentümer; *ouini* Eigentum, § 67.
irira und *iririra*, V. intr., gewohnt werden, sich gewöhnen.
isa, a, ire, V. trans., verlassen, ablassen, lassen. Wegen der Form *esa* statt *isa* v. § 153. *Isira* erlassen, nämlich die Schuld, vergeben; *ondjesiro* Vergebung; mit *ku, mu, pu, ko, mo, po* (z. B. *isa ko*; *isa mondjuuo*) heisst *isa* etwas wo, von, aus, bei wegnehmen; mit *po* und nachfolgendem Substantivum heisst *isa* als etwas annehmen, wofür halten: *mbe nu isa po omuatje* ich habe es als Kind (an Kindes Statt) angenommen; *omurumendu ua munu okakambe n' a isa po ombahe* der Mann sah ein Pferd und hielt es für eine Giraffe; *omuisiua* die Verlassene, Entlassene (Frau); *oseua* (Waise) siehe bei *sia*.
isana, a, ene, V. trans., rufen, nennen; vergl. *ruka*.
isira, e, ire, V. trans.; v. *isa*.
itavera, e, ere, V. trans., antworten, auf den Ruf jemandes, zustimmen, entsprechen; vergl. ʒ*ira*.

Ja, ja, ere (jere), V. intr., kommen; *ja, i, ire*, V. intr., weggehen, mit *kumue* auch übereinstimmen: *omambo mae i kumue* die Wörter stimmen überein. Näheres über diese beiden Wörter v. § 151. *Jererera* kommen um zu bleiben.
jaha, a, ere, V. trans., verwunden mit Geschoss; *ondjahe* Verwundeter.
jahama, a, ene, V. intr., seinen Mund öffnen.
jaka, a, ere, V. intr., brennen, flammen, auch: *oʒondjembo maʒe jaka* die Gewehre brennen, d. h. das Gefecht beginnt; *omaʒenge mae jaka* der Zorn entflammt; auch wie *jakura*.
jakura, a, ire, V. trans., auffangen, etwas Geworfenes, Fallendes, dann auch aufnehmen, einen bedürftigen Menschen.
jama, a, ene, V. trans., schützen, unterstützen, retten; *jameka* etwas an einen Gegenstand anlehnen; *rijameka* sich auf einen Gegenstand lehnen, vertrauen: *ngatu rijameke ku Mukuru* lasst uns auf Gott vertrauen; *omujame* Beschützer; *ondjamo* Schutz.
jana, a, ene, V. trans. und intr., schwören, auch loben, rühmen, im Kampfe sich Mut zusprechen durch Ausrufung der Heldenthaten seines Vaters. Schwur- oder Beteurungsformeln sind: *tjiri komaṯupa* wahrhaftig bei den Knochen (der Väter); *tjiri komahoʒe* wahrhaftig bei den Thränen (welche beim Tode der Eltern geweint wurden); *tjiri kejuru*; *tjiri kotjimbe notjipiriko* u. a. m.
janda (anda), a, ere, V. intr., zuendegehen, aufhören zu sein; *jandeka* vernichten.
jandja, a, ere, V. trans., reichen, jemandem etwas, geben: *jandja ku ami* gib mir; *eje ua jandja kove* er gab (es) dir; *jandja momake ue* gib (es)

in seine Hände; vergl. *pa*; *omujandje* und *ondjandje* ein Gebender, Freigebiger; *jandjurura* weitergeben (das einem Gegebene).

jandje, Pron. poss., mein, § 58.

japura, a, ire, V. trans., absondern, heiligen; intr. *japuka*; *ondjapukiro* Heiligung; *oujapuke* Heiligkeit.

jaraara, a, ere, V. intr., ruhelos, haltlos, unbeständig, wankelmütig sein: *omurumendu ua jaraara* der Mann ist unbeständig, ruhelos; *omutima uandje mau jaraara* mein Herz ist unruhig, bekümmert.

jareka, e, ere, V. trans., kochen, backen, braten.

jaruka, a, ire, V. intr., zurückkehren, nämlich dorthin, von wo man gekommen ist; trans. *jarura* zurückbringen, auch beruhigen, nämlich das *omutima* (Herz, Gemüt) des vor Zorn, Trauer u. s. w. Aufgeregten, trösten.

jata, a, ere, V. intr., treten, wohin, auf etwas.

jatata, a, ere, V. trans., nähen; *jatatura* das Genähte auflösen.

jaukua (jajukua), ua, irue, V. intr., eigentlich Passivum vom nicht mehr gebräuchlichen *jauka*, Ekel, Widerwillen empfinden, gegen etwas; *jaukisa* Ekel, Widerwillen erregen gegen sich.

jaʒema, a, ene, V. trans., leihen, borgen; *jaʒemeka* das Geborgte weiter leihen, für einen anderen borgen.

jeka, a, ere, V. trans., entreissen, wegnehmen, abnehmen: *eje ue ndji jeka ekori* er hat mir den Hut entrissen; *mba jekua ombanda* das Kleid ist mir entrissen.

jenda (enda), e, ere, V. intr., gehen, d. h. sich voranbewegen; *jendeka* und *jendisa* gehen machen; *jendera* wegen jemand (oder als Gast zu jemand) kommen. Der Imperativ hat neben der regelmässigen (*jenda*) auch eine unregelmässige Form, welche der Bedeutung nach zu *i*, weggehen, gehört: *tuende* gehe weg; *tuendeje* gehet weg; (*omundu*) *omuenda* Reisender, Besucher, Gast; (*ongombe*) *ondjenda* ein neulich angekommenes Rind.

jenena (enena), e, ene, V. intr., genügend, hinreichend sein: *ovikuria via enena* die Speisen genügten (alle zu sättigen); *ombanda mai enene* das Kleid ist genügend (gross genug).

jepa, e, ere, V. trans., ausweichen, auf die Seite, aus dem Wege gehen.

jera, e, ere, V. trans. und intr., in die Höhe heben, leuchten, scheinen; *ondjerera* Licht; *oujere* Klarheit, Herrlichkeit; *jeruruka* hoch, erhaben sein, trans. *jerurura*.

jesa; v. *isa*.

jeuka, a, ire, V. intr., erheben, sich vom Lager, den Kopf in die Höhe; trans. *jeura*.

jeva (eva), e, ere, V. intr., auf die Jagd gehen, Umschau halten (nach Wild); gewöhnlich mit *ka*: *ma kajeva* er geht auf die Jagd; *jevajeva* umherschauen nach allen Seiten.

jeʒera, e, ere, V. trans., zumachen, schliessen, die Thür, Pforte u. s. w.; *jeʒurura* öffnen; intr. *jeʒuruka*; vergl. *pata*.

jima, i, ine, V. intr., finster, dunkel sein.

joje, Pron. poss., dein, § 58.
jomba (omba), o, ere, V. intr., zögern, säumen, verweilen.
jona (ona), o, ene, V. intr., schnarchen.
jondja; v. *ondja*.
jora (ora), o, ere, V. intr., lachen; *oʒondjorora* Gelächter; *uora (ora)* beugen und faul (stinkend) sein. Da bei allen drei Wörtern das *j* bezw. *u* meist wegfällt, so sind sie der Form nach von einander oft nicht zu unterscheiden.
joroka, a, ere, V. intr., froh, fröhlich sein, jauchzen.
jororoka fast = *joroka*.
jovara, a, ere ein *ejova* (Dummkopf) sein.
joʒika, e, ire, V. trans., ehren, hochachten; *ondjoʒikiro* Verehrung.
jumana, a, ene, V. intr., mutlos, trostlos, niedergeschlagen sein; schweigen vor Kummer, Verdruss.
jumba, u, ire, V. trans., werfen, schiessen, schleudern: *ma jumba eue (ohanga, otjiku)* er wirft einen Stein (eine Kugel, einen Pfeil). Objekt dieses Verbums ist der Gegenstand, welcher geworfen (abgeschossen) wird, während bei *yeta* und *jaha* der Gegenstand, nach welchem geworfen wird, das Objekt bildet.
junda (unda), u, ire, V. intr., verborgen sein; *jundika* verbergen.
jupika, e, ire, V. trans., schärfen, wetzen, schleifen.
jurika, e, ire, V. trans., hinweisen auf etwas, bezeichnen.
juva, juu, juvire, V. trans., der Länge nach teilen.

Ka, Nominalpräfix, § 20; negatives Verbalpronomen; direktive Partikel, § 144.
ka, ke, kere, V. trans., fällen (Bäume).
kaha, a, ere, V. intr., trocken, dürre werden (Gras, Obst, nasse Kleider u. s. w.), reifen (Getreide), (von Menschen) vom Verstande geistig reif werden: *omundu ua kaha* (= *omukahe* und *omukahu*) der Mensch ist geistig gereift; *oʒondunge ʒe ʒa kaha* (= *oʒongahu*) sein Verstand ist ausgereift; vergl. *oukahu, kahu* und *kahuka*; *ongahukiro* Klarheit, Unerschrockenheit der Rede.
kahu, Adj., beherzt, unerschrocken, deutlich; v. *kaha* und *kahuka*.
kahuka, a, ire, V. intr., = *kaha* in der zweiten Bedeutung; *kahura* seine Meinung, Gedanken deutlich, klar, verständlich aussprechen.
kakatera, e, ere, V. intr., an etwas festkleben (wie Kletten, Schmutz, Kalk u. s. w.).
kako, Adv., nein, nicht, wird in guter Rede vermieden; v. *indee* und *ajee*.
kama, a, ene, V. trans., auspressen (Wasser aus dem Schwamm, Saft aus der Frucht u. s. w.).
kamanga, Adv., Nebenform von *tjimanga*, sofort.
kamba, a, ere, V. intr., austrocknen (Wasser im Brunnen, im Kochtopf, Milch im Euter, Speichel im Munde, Thränen im Auge u. s. w.).
kambakana, a, ene, V. intr., querüber von einem Gegenstand auf einen anderen reichen.

kambura, a, ire, V. trans., ohne Präposition: anfassen, ergreifen; mit *ku*: sich an jemand oder etwas anschliessen (als Knecht an einen Herrn, als Mitglied an eine Gemeinschaft u. s. w.); mit *mu*: auf jemand vertrauen, an jemand glauben: *mba kambura mu Mukuru* ich glaube an Gott, vertraue auf Gott. Für glauben im Sinne von für wahr halten muss gewöhnlich *tjanguasi* gebraucht werden; *omukambure* Anfasser, Gläubiger; *ongamburiro* das Glauben, der subjektive Glaube; *oukambure* Gottseligkeit.

kamuaha, Adv., offen, geöffnet: *ondjuuo i ri kamuaha* das Haus steht offen.

kanda, a, ere, V. trans. und intr., melken, gerinnen, dick werden, wie Milch, Fett, Lehm u. s. w.

kandaiʒa, a, ire, V. trans., knurren, tadeln, schelten.

kandakánda, a, ere, V. intr., sich unruhig hin und her bewegen.

kandaura, a, ire, V. trans., ermüden mit Worten, überreden.

kandje, Pron. pers., § 58.

kaṉena, e, ene, V. trans., einen Eindruck machen (auch figürlich).

kangama und *kengama, a, ene*, V. intr., sich mit dem Oberkörper aufrichten, besonders auf dem Lager.

kangara, a, ere, V. intr., trocknen Mund, Durst haben.

kangura, a, ire, V. trans., durch Hitze trocknen, härten (Ziegel im Ofen, Wäsche beim Bügeln u. s. w.).

kanuka, a, ire, V. intr., weggehen, verziehen, besonders vom Gewitter, Regen, aber auch allgemein; *ombura ja kanuka*; *omundu ua kanuka*; trans. *kanuna*.

kaondja; v. *ondja*.

kapita (ka pita), a, ire (eigentlich hinausgehen) vorbeigehen, übertreffen: *ovandu va kapita* die Leute sind vorbeigegangen. Die direktive Partikel *ka* übt ihren gewöhnlichen Einfluss auf den auslautenden Vokal, § 144.

kara, a, ere, V. intr., bleiben, sein, sich befinden, sich wo aufhalten: *kara muno* sei, bleibe hier; *kara pehi* sei an der Erde, d. h. setze dich, bleibe sitzen, verweile. Es ersetzt nebst *rira* die fehlenden Zeit- und Modusformen von *ri*, § 150; trans. *kareka*; *karerera* immerwährend bleiben (wohin man gegangen ist).

kara, a, ere, V. trans., herbeizaubern, besonders Regen.

karera, a, ere, V. trans., eigentlich Relativform von *kara*, für jemand sein, leben, jemand dienen; *rikarera* sich hüten, in Acht nehmen; *omukarere* Diener, Knecht; *oukarere* Knechtschaft; *karerera* für immer bleiben.

kari, Adj., schön, hübsch, ansehnlich; *omundu omukari* schöner, hübscher, ansehnlicher Mensch; *ongombe ongari*. Man schiebt es gern nach der § 25 gegebenen Regel in das zu bestimmende Wort: *omukarindu, ongaringombe, omakarimbo* u. s. w.

karipira, a, ire, V. trans., entzaubern (den bezauberten Kranken).

Karunga neben *Ndjambi* Name des von den Herero geahnten höchsten Wesens, wofür jetzt *Mukuru* in Gebrauch ist; v. *kuru*.

kata, a, ere, V. intr., eintrocknen, zusammenschrumpfen, einfallen wie z. B. ein unreifer Flaschenkürbis beim Trocknen.
katiti, Adv., leise, langsam, wenig: *ma ende katiti* er geht langsam; v. *titi.*
katonge, Adv.: *eje ua kara katonge* er hockte auf den Knien.
katuka, a, ire, V. trans. und intr., übertreten, überschreiten, allgemein auch von sittlichen Vergehen gebraucht.
katumba, Adv., wach: *ve ri katumba* sie sind wach.
kavira, e, ire, V. intr., reiten.
kaza, a, ere, V. intr., glatt, eben, ohne Vorsprung, Höcker sein; davon das Adjektiv *kaze* (glatt u. s. w.), welches ein Geschöpf ohne männliche Geschlechtsteile, also ein Femininum bezeichnet; vergl. *omukazendu, omukazona* u. s. w.
ke, § 63.
kehi, Präp. und Adv., unterhalb, niederwärts (eigentlich: an der Erde): *tji ri kehi jondjuuo* es ist unter dem Hause; *ua kehi* bücke dich.
keka, e, ere, V. trans., etwas für jemand bestimmen, bezeichnen, ihm zu eigen machen (ein Stück Vieh, ein Amt u. s. w.), gewöhnlich mit der Relativform (*kekera*).
kekema, a, ene, V. intr., stöhnen, seufzen; *kekemisa* quälen, ängstigen.
kekerere, Adv., eigentümlich, d. h. als ausschliessliches Eigentum; *ihi otjandje kekerere.*
kenda, e, ere, V. trans., belästigen, bekümmern, d. h. Kummer bereiten; *omerikendero* Sorge, Kummer.
kepura, a, ire, V. trans., etwas mit einem Hieb abhauen.
kesira, e, ire leise, langsam sprechen.
ko, negat. Verbalpron., Verstärkung des Negativs, § 99; Adv., § 162: *tua ko* füge hinzu; *mba isa ko* ich habe davon genommen.
koeja, e, ere, V. trans., mahlen.
koha, o, ere, V. trans., waschen; *rikoha* sich waschen, sich reinigen von Schuld, d. h. sich entschuldigen, seine Unschuld beteuern, beweisen; *kohora* stark waschen, reinigen; *kohoka* rein werden; *kohoke,* Adj., rein.
kojora, a, ere, V. trans., abbrechen, abbröckeln z. B. ein Stück Brot.
koka, a, ere, V. intr., ermatten, kraftlos, ohnmächtig werden, sterben; *ongokero* das Sterben; *omukoke* Sterbender, Sterblicher, Toter; trans. *koza.*
koka, o, ere, V. trans., schleppen; *omukoka* Schleppspur, Wagenspur.
koko, Adj., krumm; *kokovara* krumm sein; *kokovareka* krümmen, Umschweife machen in der Rede.
kokoma, a, ene, V. intr., stottern, stammeln.
kokure, auch *popare,* Adv., entfernt, fern: *onganda i ri kokure* das Dorf ist fern.
kokutja; v. *kutja* und § 238 ff.
komba, o, ere, V. trans., fegen, kehren; *otjikombo* der Besen; v. dieses Wort.
kombanda, Präp. und Adv., auf, über, oberhalb: *ondera i ri kombanda jondjuuo* der Vogel ist auf dem Hause.

kombunda, Präp. und Adv., hinter, hinten.
komeho, Präp. und Adv., vor, vorn; v. § 158 letzte Anm.
komurungu, Präp. und Adv., = *komeho*.
koŋa; v. § 167 ff.
konda, *o*, *ere*, V. trans., abschneiden, quer durch oder über etwas (z. B. den Fluss) gehen; *otjikonde* Sichel, Schere.
kondja, *o*, *ere*, V. intr., ringen, kämpfen, sich abmühen.
kondoroka, *a*, *ere*, V. intr., um etwas (ein Haus, einen Berg) herumgehen, um an die entgegengesetzte Seite zu gelangen.
konga, *o*, *ere*, V. trans., die Spur von etwas suchen, indem man quer durchs Feld geht; v. auch *kua*.
kongora, *a*, *ere*, V. trans., anklopfen.
kongorera, *e*, *ere*, V. intr., folgen, nachfolgen; vergl. *teza*, *pingena* und *ramba*.
kongotue, Präp. und Adv., hinter, hinten, nämlich an der Hinterseite z. B. eines Hauses.
kora, *a*, *ere*, V. trans., erzählen.
kora, *o*, *ere*, V. trans., aufziehen, erziehen (ein Kind).
korokopa, *a*, *ere*, V. intr., habgierig, geizig, unersättlich sein.
korora, *a*, *ere*, V. trans., aushöhlen, auch die Brust, d. h. husten; *ongororo* der Husten.
kosi und *posi*, Präp., hinter, nämlich ausserhalb z. B. des Dorfes, d. h. im Felde; *kosio* und *posio*, Adv., ausserhalb, draussen; *orukosi* Jagd, Jagdrevier, Gegend mit Wild und Feldkost; v. *osi*.
kota, *o*, *ere*, V. trans., beugen; *rikota* sich bücken; *rikotamena* sich vor jemand bücken.
koto, Adj., tief (Brunnen, Schacht, Grube, Fluss); *otjitoto otjikoto* tiefes Loch; *ondjombo ongoto* tiefer Brunnen.
kotoka, *a*, *ere*, V. intr., zurückkommen (von *kota* biegen); trans. *kotora*; vergl. *jaruka*.
kotura, *a*, *ire*, V. intr., einschlummern, schlaftrunken sein.
koua, *a*, *kovere*, V. intr., befriedigt, gestillt sein; zunächst Befriedigung des Durstes, aber auch von jeder anderen Befriedigung durch Genuss und Besitz gebraucht.
kovera, *e*, *ere*, V. trans., umstellen, umringen, einschliessen: *ovanavita va kovera onganda* die Feinde umzingelten das Dorf; v. *orukova*.
koza, *a*, *ere*, V. trans.; v. *koka*.
kozepara, *a*, *ere*, V. intr., voll Eifersucht (*oukoze*) sein.
kozu, Adj., zahm, mild, sanftmütig; vom Menschen meist *ongozu* statt *omukozu*; *kozupara* sanftmütig sein.
ku, Pron., § 46. 167 ff.; Präp. (an, zu, von), § 154.
kua, *ku*, *kuire*, V. trans. und intr., anschreien, Notschrei erheben: *me ku kove* ich rufe, schreie zu dir um Hülfe; *mave kongo* (d. h. *ku ongo*) sie schreien um Hülfe, rufen Helfer herbei; v. auch *ongo*.

kuandje, Pron. poss., § 58.
kuao, § 58.
kuata, a, ere, V. trans., hervorbringen durch Fortpflanzung, also zeugen, gebären, Eier legen, Früchte tragen (Letzteres besonders von Früchten in der Erde, wie Kartoffel); *onguatero* Zeugung, Geburt; *orukuato* Fortpflanzungsfähigkeit (Nachkommenschaft?); für gebären von Menschen besser *panduka*; *kuatera*, Adj., eingeboren; *omundu omukuatera*; *ongombo onguatera*.
kuaʒa; v. *ʒa*.
kueɲu, Pron. poss., § 58.
kuetu, Pron. poss., § 58.
kuina, e, ine, V. intr., besser *kuinakuina* weinen, wimmern, winseln.
kuiʒa, a, ire, V. intr., geräuschlos weinen, stille Thränen vergiessen, auch vorbeischiessen.
kuiʒika, e, ire, V. trans., etwas für jemand zurücklegen, in Aussicht stellen, verheissen.
kuka, a, ire, V. intr., verreisen, auf Besuch gehen, § 147.
kukuta, a, ire, V. intr., dürre, trocken, hart werden; *kukutu*, Adj. in gleicher Bedeutung.
kumba, u, ire, V. trans., bitten, beten; *kumbira* Fürbitte thun; *ongumbiro* Gebet.
kuminina, e, ine, V. trans., verleumden, fälschlich beschuldigen; *omakuminino* Verleumdung.
kumua, ua, inue, V. trans., sich verwundern.
kumue, Adv. (zusammengezogen aus *ku* und *mue* = bei ein), zusammen, bei einander, übereinstimmend.
kumuka, a, ire, V. intr., abreisen, aufbrechen von einem Orte: *kumukisa oʒongombe* treib die Rinder aus der Werft (auf die Weide).
kuna, u, ine, V. trans., pflanzen, säen.
kunda, u, ire, V. intr., dröhnen, vollzählig sein; auch trans., genau ausfragen; *omungunda* das Dröhnen z. B. beim Erdbeben; *omukunde* Ausrufer.
kunga, u, ire, V. intr., erbrechen d. h. vomiren; *ongungo* das Erbrechen (Erbrochene); *omukungise* Brechmittel.
kuɲia, Interj., natürlich! warum auch nicht!
kuoje, Pron. poss., § 58.
kupa, u, ire, V. trans., heiraten: *omurumendu ma kupu omukaʒendu* der Mann heiratet die Frau; *omukaʒendu ma kupua i omurumendu* die Frau wird vom Manne geheiratet; *ongupiro* Heirat, Hochzeit; *orukupo* Ehe.
kura, u, ire, V. intr., erwachsen, ausgewachsen, gross werden. Wegen des Verbalpronomens v. § 147. *Ekura* Gleichaltriger; *ekurandje* (*ekura randje*) ein mir Gleichaltriger.
kura, u, ire, V. trans., necken (unter Freunden): *mave kurasana ongura* sie (die Freunde) necken einander.
kura, a, ire, V. trans., entwöhnen (von der Mutterbrust).

kurama, a, ene, V. intr., stehen, warten; *okurama* Bein.
kuru, Adj. (von *kura*), alt, besonders alt in Beziehung auf andere; *omukarere omukuru uandje* mein alter Knecht, d. h. derjenige, welcher vor anderen mein Knecht wurde; *ondu onguru* u. s. w.; *omukuru* (Plur. *ovakuru*) wird vornehmlich für die Verstorbenen, Ahnen gebraucht, seltener für lebende Menschen; *Mukuru* ist als Eigenname für Gott erst von den Missionaren eingeführt, hat sich selbst unter den Heiden aber überraschend schnell eingebürgert; *kururume* altes Männliches; *kurukaʒe* altes Weibliches.
kuruka, a, ire, V. intr. (neben *kuʒuka*, welches wohl die ursprüngliche Form ist), kahl, abgeschoren (Kopfhaar), abgeweidet (Gras) sein; *omukuʒu* Mensch ohne Kopfhaar; *orunguʒa* kahles Haupt, kahles Feld u. s. w.; *kurura (kuʒura)* abweiden, scheren; *oungurusu* Nacktheit, Blösse.
kurunga, a, ire, V. intr., wackeln, wanken, unfest, ruhelos sein: *omutima uandje mau kurunga* mein Herz ist unruhig (vor Trauer, Angst u. s. w.).
kurupa, a, ire, V. intr., verstärkte Form von *kura*, altern, altersschwach werden.
kuta, a, ire, V. intr., satt werden; wegen des Verbalpronomens v. § 147.
kuta, u, ire, V. trans., binden, anbinden; *kutira* anspannen, aufsatteln; *kutura* lösen; *kutuka* losgehen.
kuta, Präp., gegen d. h. in der Richtung auf etwas.
kutja, Konj., dass, damit, § 245. 246.
kutjira, e, ire, V. trans., anziehen, bekleiden, verdecken.
kuʒa; v. *ʒa*.
kuʒura und *kuʒuka*; v. *kuruka*.

Makera, e, ere, V. trans., beschmecken; besonders von der Sitte gebraucht, dass der Ortsvorsteher täglich die Milch in jedem Gefäss schmecken muss, ehe dieselbe genossen werden darf.
mama (omama), Plur. *oomama*, meine und unsere Mutter; vergl. *ina*.
mana, a, ene, V. trans., beendigen (eine Arbeit), vernichten: *tua mana otjiungura* wir haben die Arbeit beendet; *va mana ovikuria* sie haben die Speisen beendet (haben sie fertig gemacht oder haben sie alle verzehrt); *manisa* eigentlich: veranlassen zu vernichten; davon besonders die Adjektivform *manise* zur Bezeichnung des Superlativs, v. § 33.
manga, a, ere, V. trans., aufwickeln, aufrollen; *mangurura* abwickeln, loswickeln, entwickeln; intr. *manguruka*.
mango, Adj., enge, schmal (Pforte, Thür u. s. w.).
mbandjeo; v. *pa*.
mbua, höfliche Anrede an eine männliche Person, etwa: Lieber, Freund; an mehrere männliche Personen *mbueje*; entsprechende Anrede an eine weibliche Person *muari*.
meṇe, Präp., neben.
meta, e, ere, V. intr., lächeln.

mianga, a, ere, V. trans., kneten.
miṅa, a, ine, V. intr., sich aufballen, von Wolken beim aufsteigenden Gewitter, von Brüsten zur Zeit der Geschlechtsreife u. s. w.
minika, e, ire, V. trans., grüssen; *ombinika* Gruss.
mo, Adv., hinein, hinaus, drinnen: *mba tua mo* ich habe es hineingethan; *mba isa mo* ich habe es daraus genommen; *mba sie mo* ich habe es drinnen gelassen.
moho, Adj., links; *omundu omumoho; okuoko okumoho*. Dagegen wird *nene* (gross) für rechts gebraucht; *eke enene; okuoko okunene*.
mokati, Präp. und Adv., zwischen, dazwischen; v. *pokati*.
mosuka, a, ire, gewöhnlich *mosukira*, V. intr., hinunter durchbrechen, versinken, durchs Dach, im Schlamm u. s. w.
moukoto, Präp. und Adv. (= *mu oukoto* in der Höhlung), in, innerhalb, drinnen.
mu, Pron., § 46. 167; Präp., in, § 154.
muari; v. bei *mbua*.
muhuka, Adv., morgen; *omuhuka* der Morgen.
muina, a, ine, V. intr., schweigen.
mumandu, Adj., feige, zaghaft; *omundu omumumandu*.
mumapara, a, ere, V. intr., feige, zaghaft sein.
mumue, Adv. (*mu umue* in ein), beisammen, zusammen, bei einander.
muna, u, ine, V. trans., sehen, finden, bekommen, empfangen: *mba munu ongombe* ich habe ein Rind gesehen (gefunden, erhalten); *munika* erscheinen, gesehen, gefunden werden, v. § 93.
munina, e, ine, V. trans., leuchten, erleuchten.
muno, Adv., hier: *kara muno* bleibe hier.
muẓu, Adv., nackt: *ve ri muẓu* sie sind nackt.

Na, Präp., mit: *matu i na ove* wir gehen mit dir; *eje ue ndji tono nokati (na okati)* er hat mich mit dem Stock geschlagen; Konj., und, auch: *omurumendu nomuatje (na omuatje) va ri monganda* der Mann und das Kind waren im Dorf; *na ami mba hara okuua* auch ich wäre fast gefallen. In einzelnen Fällen auch als Präposition aufzufassen; vergl. *hungama*.
nai, Adv., so: *o tjiti nai* mach nicht so.
nakaura, a, ire, V. trans., verwerfen, wegwerfen, verstossen.
namburuka, a, ire, V. intr., um eine Ecke biegen; trans. *namburura*.
nana, a, ene, V. trans., ziehen, spielen; *nanisa* zerren, spielend, verderbend mit etwas umgehen.
ṅanga, a, ere, V. trans., herbeiwinken, einladen.
nanganana, a, ene, V. intr., tief eindringen (von Wurzeln); *nangananisa* seine Wurzeln tief, weit hintreiben.
ṅaṅi, Adv., vielleicht.
nao = *nai* so.

nata, a, ere, V. trans., niederwerfen (die Silben werden auch verwechselt, ohne dass die Bedeutung dadurch verändert wird: *tana*); *natera* den Blick in etwas hineinwerfen, in etwas hineinschauen.
naua, Adv., gut, schön; v. *ua*.
navi, Adv., schlecht, hässlich; v. *vi*.
ndakuzu, Konj., wenn, falls, dann, § 243.
Ndjambi; v. *Karunga*.
ŋe, Fragewort, § 61.
ne, vier, § 34.
neja, e, ere, V. trans., etwas wo hinein, wo zwischen drücken, einen Abdruck, Eindruck machen, auch geistig.
nene, Adj., gross; *omurumendu omunene* grosser Mann; *otjitjuma otjinene* grosses Gefäss; *nenepara* gross werden.
neura, a, ire, V. trans., nagen, zernagen (wie eine Maus).
nga, Adv. und Konj., bis, § 227. 228.
ngahino, Adv., bis hier, jetzt, schon, vielleicht.
ngajuva, Adv., am folgenden Tage.
ngambeno = *ngahino*.
ngamua, Adj. und unbest. Zahlwort, beliebiges (von verschiedenartigen Gegenständen), alle (wie auch beschaffen): *eje ua ŋanga ovandu ngamua avehe* er lud alle Menschen ein (ohne Rücksicht auf ihre Beschaffenheit); *ndji pao ongombe ngamua aihe* gib mir irgend ein Rind (wie es auch beschaffen sei).
ngapi, § 41.
nganda und *ngunda*, während, § 148. 273.
ngi, unbest. Zahlw., viel, § 41.
ngundi, Adj., schwach, fast immer mit dem Präfix *otji*; *omundu otjingundi*.
ngundipara, a, ere, V. intr., schwach sein; *oungundi* Schwachheit.
nguno, Adv., hierher, hierwärts.
ŋia, ŋi, ŋine, V. intr., Stuhlgang haben, besonders von Kindern.
ŋina, i, ine, V. trans., verschmähen (als Geschenk oder Zahlung anzunehmen).
ŋiŋa, a, ine, V. trans., verschlingen, schlucken.
ninga, i, ire, V. intr., vorhanden sein: *kapeja ninga omukohoke mouje* es ist kein Reiner in der Welt; *eje ua ningi ondjenda* (und *nondjenda*) er hat Mitleid; sich kümmern, besorgt sein um etwas, sich wofür interessiren: *eje ka ningi ko natja* er fragt nichts danach, es ist ihm völlig gleichgültig (eine schwer zu erklärende Ausdrucksweise). Im Präsens wird *ninga* oft zu *na* abgekürzt: *eje ke na ko na tja* (neben *eje ke na ko ninga ko na tja*); *ningisa* mit *ondjenda* Mitleid erregen, besonders durch Armut; *ma ningisa ondjenda*.
ŋingandu, Adj., glücklich; *omundu omuŋingandu* glücklicher Mensch; *ouŋingandu* die Glücklichkeit, das Glück.
ŋingapara, a, ere, V. intr., glücklich sein.
ningeka, e, ere, V. trans., nässen, nass machen; *ningena* nass, durchnässt, erweicht sein.

ningira, e, ire, V. trans., bitten (um etwas), sich etwas ausbitten.
ningirira, e, ire, V. intr., verbrennen, verkohlen.
ningota, a, ere, V. trans., kneifen, stark drücken (z. B. beim Handgeben).
ninikiza, a, ire, V. trans., drücken, auf die Seite drücken, niederdrücken.
njaa, njaa, njaere und *njainja, a, ene* zerquetschen, zerbrechen (in Scherben); intr. *njaika*.
njama, u, ene, V. trans., saugen (von Menschen und Tieren); *njamisisa* (statt des nicht gebräuchlichen *njamisa*), veranlassen zu saugen, säugen.
njanda, a, ere, V. intr., sich freuen, spielen; *enjando* und *omanjando* Freude.
njaneka, a, ere, V. trans., ausbreiten, ausgebreitet aufhängen, wie Wäsche zum Trocknen.
njanjaura, a, ire, zerfetzen, zerreissen, zerfleischen; intr. *njanjauka*.
njee, Interj.: *ka hungire, njee* er sprach durchaus nicht; *ua muina, njee* er schwieg durchaus; *kaave ungura, njee* sie arbeiteten durchaus nicht.
njenda, a, ere, V. trans., seihen, abgiessen, dass der Bodensatz u. s. w. zurückbleibt, überhaupt: absondern: *ouo mave rinjenda* sie sondern sich ab; *njendurura* den Rest aus einem Gefäss trinken.
njengua, ua, irue, V. intr., verdriesslich, muckisch, beleidigt, böse sein; *njengura, a, ire*, V. trans., verachten, missachten, hassen.
njinganjinga, a, ire, V. intr., sich bewegen.
njoko, S., deine und eure Mutter; v. *ina*.
njomoka, a, ere, V. intr., aufbrechen, sprossen (Blumen, Laubknospen).
njona, o, ene, V. trans., verderben, zerstören, zu Grunde richten; intr. *njonoka*.
njosa, a, ere, V. trans., verbrennen.
njuta, u, ire, V. trans., falten (Papier, Wäsche, Hände); *njutu*, Adj., zusammengefalten, zusammengedrückt.
nona, Adj., unreif; *omatanga omanona* unreife Melonen.
nu, Konj., und, aber, § 232 ff.
nua, nu, nuine, V. trans., trinken, auch rauchen (Pfeife).
nuka, a, ire, V. trans. und intr., riechen, d. h. sowohl Geruch von sich geben als Geruch wahrnehmen.
nuna, a, ine, V. intr., fett sein (von Menschen und Tieren).
nunguari, Konj., aber, dennoch, jedoch, § 232 ff.
nungurura, a, ire, V. trans., rein austrinken.
nununga, a, ire, V. trans., betasten, befühlen.

Oami (ouami), Pron. pers., ich, § 46.
ohakane, S., Wolf, »wilder Hund«.
ohambaneno, S., Ausschweifung, Wollust, Genusssucht.
ohambo, S., Viehposten.
ohamukuao, Adv., wie, ähnlich: *eje omundu ohamukuao na ove* er ist ein Mensch wie du (ähnlich wie du); *ma ungura ohamukuao notjirumbu* er arbeitet so ähnlich wie ein Weisser.
ohanda, S., eine kleine Taube.

ohandjandjera, Adv., vereinzelt: *mave ende ohandjandjera* sie kommen vereinzelt.
ohandu, S., feines Brennholz; meist *ouhandu*.
ohanga, S., Eisenperle, Gewehrkugel, Blei.
ohange, S., Friede.
oharutangi, S., Aufruhr, Empörung.
ohengo jondundu, S., Bergabhang, Fuss des Berges.
oherero; v. *herero*.
ohima, S., eine Schildkröte, Ziegel.
ohinga, S. und Adv., Hälfte, teilweise; *ohinga jehoro* halber Eimer (Hälfte des Eimers): *ehoro re ura ohinga* der Eimer ist teilweise voll, halbvoll.
ohiuo und *ohiviro*, S., Ruhm; v. *hiva*.
ohoko, S., Stich, d. h. stechender Schmerz (bei Entzündung der Lunge u. s. w.).
ohoni, S., Scham, Schande: *omuatje ua ṭ' ohoni* das Kind schämt sich; *mo tu tisa ohoni* du beschämst uns.
ohorongo, S., Kuddu.
ohoze, S., Kundschafter, Spion; v. *hora*.
ohua, S., Termite und Rieseneidechse.
ohukuha, S., Maulwurf; auch *ombona jomehi* genannt.
ohunda, S., Spitzmaus.
ohunga, Präp., gegenüber.
ohungu; v. *oruhungu*.
okahóneno, S., Spazierstock.
okahuaraka, S., Schmeichelei; v. *huaraka*.
okahue, S., Katze; v. *ongue*.
okakambe und *orukambe*, Plur. immer *oukambe*, Pferd.
okana, S., Streitsucht, Zanksucht; *kanapara* zanksüchtig sein.
okanepo, S., Glied (des Körpers).
okanjoro, S., Ecke eines Kleides, Brettes, Felsens u. s. w.
okanjosa, S., ein Stückchen Fleisch, wie man es zum Braten (*njosa*) abschneidet.
okaparua, S., Streichhölzchen; v. *para*.
okariaho, S., grosser Habicht; wörtlich: Augenfresser.
okasino, S., Esel (vom lateinischen Asinus).
okatepa, S., eine Gliederkrankheit, Gicht?.
okati, S., Stock; v. *omuti*.
okatjove, S., »Hartebeest«.
okatunduandu, S., sehr geringer, armseliger Mensch.
okatutuzu, S., sehr kleiner Mensch, Zwerg.
oko, Pron. pers., § 167 ff.
okokuua (es ist gut), v. § 172.
okokuvi (es ist schlecht), v. § 172.
okona, v. § 167 ff.
oku, Adv., dort, daselbst, § 162.

okuapa, Plur. *omakuapa*, S., Armhöhle.
okuija, Plur. *omakuija*, S., Dorn.
okuŋi, S., Frühling, etwa von Mitte Juli bis Mitte October. Darauf folgen die weiteren Jahreszeiten *oruteŋi*, *okurooro* und *okupepera*.
okuoko, Plur. *omaoko*, S., Arm.
okupepera, S.; v. *okuŋi*.
okurama, Plur. *omarama*, S., Bein.
okurooro, S.; v. *okuŋi*.
okuruo, Plur. *omakuruo* und *omaruo*, S., Opferstelle, Altar.
okuti, S., Feld, d. h. alles Land ausserhalb der Werft, was nicht bebaut ist
okutja, eigentlich Infinitiv: zu sagen, dann auch: nämlich.
okutui, Plur. *omatui*, S., Ohr.
okuvare, S., weite Ebene; *omeva kokuvare* Meer, See.
omaandero (*omajandero*), S., Ende; v. *janda*.
omaere (*omajere*), S., Kalebasmilch; v. *omaihi*.
omahatenja, S., Nachmittag etwa von 2—4 Uhr.
omaheke; v. *eheke*.
omaihi, S., süsse Milch; v. *omaere*.
omakaja; v. *ekaja*.
omako; v. *eko*.
omakokovarekero, S., zweideutige, die Sache umgehende Rede.
omaŋiŋa, S., Absonderung aus der Nase.
omanjuŋe, S., Suppe.
omapenje, Adv., nackt: *mbi ri omapenje* ich bin nackt.
omapindi, S., Zorn, Ingrimm.
omapupumbo, S., fade, leichtfertige Rede.
omara, S., Lager, das Liegen; v. *rara*.
omario, S., Weide, Weidefeld.
omasa, S., die Fettigkeit in den porösen Knochenteilen, Kraft.
omate, S., Speichel: *ma tjeke omate* er spuckt, wirft Speichel aus.
omatjendje und *omatjendjerekero*, S., Schelmerei, Hinterlist; v. *tjendjereka*.
omatuka, S., Buttermilch; v. *tuka*.
omaungu, S., Spreu.
omavinju, S., Wein (von diesem deutschen Worte).
omaʒe, S., Fett, Schmalz.
omaʒenge, S., Zorn.
omba, S., ein Körnlein, ein Krümchen.
ombaanda, S., Band, Litze, Besatz (vom deutschen Band).
ombaera, S., Glanz, Lichtstrahlen.
ombahe, S., Giraffe; *ombahona* Giraffenkalb, der Plural *oʒombahona* bezeichnet ausserdem Zwillingslämmer.
ombahu, S., Heuschrecke.
ombaka, S., Ente, Gans.
ombakata, S., ein bis zu 2½ Fuss langes Schuppentier.

ombakiʒa und *ombakaiʒa*, Adv., heimlich, verstohlen; v. *vaka*.
ombako, S., Trichter, Mühle.
ombanaha, S., Starrköpfigkeit, Verwegenheit, Wagehalsigkeit.
ombanda, S., Kleidungsstück; *ombanda jokomureko* Feierkleid, Reservekleid.
ombande, S., tapferer, in Gefahr nicht weichender Mensch.
ombandi, S., Knopf.
ombandje, S., Schakal.
ombango, S., Wille; v. *vanga*.
ombangu, S., Unterschied, Verschiedenheit.
ombani, S., Spazierstock mit einer Verdickung am oberen Ende.
ombao, S., Schönheit, schöne Gestalt, auch als Adv.: *eje ma munika ombao*.
ombaptismo, S., Taufe (aus dem Griechischen).
ombara, S., Gewaltthätiger, Gewaltiger, König.
ombarakana und *ombaramo*, Präp. und Adv., neben, gegenüber.
ombata; v. *oʒombata*.
ombatero; v. *vatera*.
ombati, S., Rippe.
ombaue; v. *eue*.
ombaʒe, S., Fuss; *korupaʒe*, Adv., zu Fuss.
ombepera, S., Kälte.
ombepo, S., Wind, Geist.
omberipa, S., ein Geschöpf (Mensch oder Tier), welches zum ersten Mal befruchtet oder säugend ist; v. *veripa*.
ombero, S., Bergpforte, Nebenform von *omuvero*.
ombeʒe, S., Strenge, Schärfe, besonders in Behandlung seiner Untergebenen.
ombi, S., Hase; v. auch *vi*.
ombimbi, S., Kriegstanz, Siegestanz.
ombinda, S., Schwein.
ombindi, S., Bezeichnung gewisser Steinhaufen, unter welchen angeblich Ahnen begraben liegen.
ombindo, S., Hindernis, Unglück.
ombindu, S., Blut.
ombinika; v. *minika*.
ombo, S., Strauss (Vogel), auch Uebereinstimmung, Einheit.
omboha, S., Stift, Nagel (hölzern und eisern).
ombokororo, S., tiefes Wasserloch im Felsen.
ombombo, S., Wanze.
ombondi, S., Unsauberkeit.
ombongo, S., Gemeinde; v. *onga*.
omboro; v. *uora*.
omboroto, S., Brot (aus dem Deutschen).
omboru, S., Aas.
ombosiro, S., Geräusch, Getön, Laut; v. *posa*.
omboteva, S., Abgesandter, Bevollmächtigter.

ombo*t*u; v. o*z*ombo*t*u.
ombovasaneno, S., Betrüglichkeit, Schein ohne Wesen, Eitelkeit; v. ova.
ombu, S., eine Brunnenart, gewöhnlich tief und ausserhalb des Flussbettes, verschieden von ondjombo.
ombua, S., Hund; ombua jomehi und ombona jomehi Maulwurf.
ombuindja, S., eine kleine Antilope, »Steinbock«.
ombuiro, S., das Wohlsein, Wohlbefinden, Seligkeit; v. pua.
ombuise, S., Drüse, z. B. am Halse.
ombui*z*e und ombu*z*e, S., Gerücht.
ombuka, S., die gewöhnliche schwarze Ameise.
ombuke, S., Wahrsager; v. uka; auch Buch, neben otjimbuke (vom deutschen Buch).
ombuku, S., Schurzfell der Männer.
ombuma, S., Hode.
ombumbi, S., Dünger.
ombunda, S., der Hintere.
ombundu, S., Nebel.
ombunga, S., Haufen Gegenstände, z. B. ein Haufen zusammen reisender Menschen, ein Haufen Steine; ombunga jo*z*ohand*u* Bündel feines Brennholz.
ombungu, S., Hyäne; in Afrika Wolf genannt.
ombunguhiro, S., Opfer; v. punguha.
ombura, S., Gewitter, Regen, Jahr; vergl. otjiondo.
omburuma, S., Schreck; v. uruma.
ombutiro, S., Anfang; v. uta.
omemena und otjimemena die angeborene Eigentümlichkeit, Charakter.
omenje, S., eine Antilope, »Springbock«.
omeritoore, S., leichtsinniges Geschwätz, Klatscherei.
omeva, S., Wasser; omeva omaruru bitteres Wasser, d. h. besonders: Branntwein; omeva kokuvare Meer.
omikoko*z*ira, S., »krumme Antwort«, sprichwörtliche Rede.
omiria, S., Neugierde; vergl. omuria.
omo, Pron. pers., § 167 ff.
omo*n*a, v. § 167 ff.
omongo, S., Rückstrang und was ähnliche Form hat.
omu, Adv., da, daselbst, § 162.
omuano, Plur. omiano, S., Spruch, Sprichwort.
omuama, S., eine Mimose.
omuangu, Plur. ovangu, S., jüngerer unter Brüdern, jüngere unter Schwestern; v. erumbi.
omuatje, omunatje und omunamutje, Plur. ovanatje, S., Kind.
omue, S., eine grosse Mimose, »Ahnabaum«. Die Schote, welche ein nahrhaftes Viehfutter bildet, heisst orue.
omue*z*e, S., Mond, Monat.
omuhana, S., Diarrhöe.

omuharupu, S., Gefälliger, Freigebiger, Dienstfertiger.
omuhepundu, S., Witwe; v. *omundu* und *hepa*.
omuherero; v. *herero*.
omuhihamo, Plur. *omihihamo*, S., Schmerz; v. *hihama*.
omuhingo, Plur. *omihingo*, S., Art und Weise, Lebensweise, Sitte; v. *hinga*.
omuhiva, S., ein Männertanz; vergl. *outjina* und *ongangura*.
omuhoko, Plur. *omihoko*, S., Familie, Volksstamm; vergl. *otjikutu* und *otjiuana*. Die drei Wörter sind annähernd zu unterscheiden wie folgt: *otjikutu* Familie; *omuhoko* Volksstamm; *otjiuana* Volk.
omuhona, Plur. *ovahona*, S., Herr, Häuptling; *omuhonakaꜩe* Herrin.
omuhuka, Plur. *omihuka*, S., Morgen.
omuhuro, S., Zuneigung, Liebe, besonders geschlechtliche und mütterliche; vergl. *orusuvero*.
omuina, Plur. *omiina*, S., Grube, z. B. der Füchse.
omuini; v. *ini*.
omuinjo, Plur. *omiinjo*, S., Athem, Leben, Seele.
omuise, S., Rauch.
omukandi, Plur. *omikandi*, Festmahl, Gastmahl.
omukaru, Plur. *omikaru*, Dornbaum mit kleinen *oꜩongaru* genannten Beeren.
omukaꜩendu, Plur. *ovakaꜩendu*, Frau; v. *kaꜩa*.
omukaꜩona, Plur. *ovakaꜩona*, Mädchen; v. *kaꜩa*.
omukoke, Plur. *ovakoke*, S., Sterbender, Toter; v. *koka*.
omukombe, Plur. *ovakombe*, S., Lediger, d. h. ein Mensch, der noch nicht oder zur Zeit nicht verheiratet ist.
omukoo, S., starker Husten; v. *korora*.
omukorondu, Plur. *ovakorondu*, S., Hurer und Hure.
omukova, Plur. *omikova*, Haut, Fell; vergl. *orukova* und *kovera*.
omuku, S., Dampf.
omukue, S., Schwiegervater, Schwiegersohn u. s. w.
omukuu und *omukujumbua*, Plur. *omik.*, S., Feigenbaum; *ekuu* Feige.
omukuma, Plur. *omikuma*, S., Seite; *ekuma* Wand.
omukuro, Plur. *omikuro*, S., Ufer.
omukuru, Plur. *ovakuru*; v. *kuru*.
omukuruha, Plur. *ovakuruha*, gewöhnlich *okakuruha*, Plur. *oukuruha*, S., Buschmann.
omukurundu, Plur. *ovakurundu*, S., alter Mensch (aus *omundu* und *kuru*).
omukuta, Plur. *omikuta*, S., das Zusammengebundene, Garbe, Bündel Holz u. s. w.
omumbandieru, Plur. *ovambandieru*. Dieser vornehmlich im Osten des Landes wohnende, aber auch vielfach unter den eigentlichen Herero zerstreute Volksstamm ist weder sprachlich noch sonstwie wesentlich von denselben verschieden.
omumbeumbeu, Adv., zusammen, gemeinsam: *ouo va toora omuti omumbeumbeu* sie hoben den Baum gemeinsam auf.

omumbonde, Plur. omimbonde, S., eine stattliche Mimose, »Kameldornbaum«.
omumborombonga, Plur. omimborombonga, S., der Götterbaum der Herero.
omuna, Plur. ovana, S., Kind, vornehmlich: Enkelkind (den Stamm bildet das die Kleinheit eines Gegenstandes bezeichnende *na*, § 20).
omuṇa, Plur. omiṇa, S., Lippe.
omunamutje; v. omuatje.
omundaumue, S., Hälfte.
omundu, Plur. ovandu, S., Mensch; oundu das Menschsein, Menschheit.
omungandjo, Adv., vergeblich, ohne Ursache.
omungo, S., Mark in den Knochenröhren.
omungondo, Plur. omingondo, S., ein dorniger Busch.
omungua und omongua, eigentlich omuongua, S., Salz.
omungunda, S., das Dröhnen; v. kunda.
omunoko, S., Lehm, Mörtel.
omunono, S., das Stöhnen, Schluchzen.
omunue, Plur. ominue, S., Finger, Zehe.
omupange, Plur. ovapange, S., Zauberdoktor, Arzt; v. panga.
omupepo, Plur. omipepo, Blasebalg.
omupine, Plur. omipine, Beilstiel.
omupoṭu, Plur. ovapoṭu, Blinder; v. poṭu.
omuramba, Plur. omiramba, S., eine besondere Art der periodischen Flüsse; vergl. onḏonḏu.
omuraranganda, Plur. ovararanganda, Dorfgenosse, Freund.
omurarapatji, S., Langschläfer.
omureko, Plur. omireko, S., Stelle im Hause zum Weghängen oder Weglegen der Reservegefässe, Kleider u. s. w.
omurera, Plur. omirera, S., Hammel, Kapater.
omureru, S., Rost.
omurevitaka, S., sehr langer Mensch.
omuria, S., Inhaltsfähigkeit, Gedächtnis; v. omiria.
omuriro, Plur. omiriro, S., Feuer.
omuriu, Plur. omiriu, S., Kehle, Gurgel.
omurongo, Plur. omirongo, S., zehn, Zehner.
omuruko, Plur. omiruko, S., Begrenzung, Grenze; v. ruka.
omurumendu, Plur. ovarumendu, S., Mann.
omurunde, Plur. ovarunde, S., Schlechter, Untugendhafter.
omurungu, Plur. omirungu, S., Angesicht.
omuruvandu, Plur. ovaruvandu, S., Geiziger, einer, der sich stets weigert zu geben.
omuse, S., Fusstritt.
omuseka, Adv., aufrecht: ovihape via rokua, nu nambano via kurama omuseka die Pflanzen sind beregnet und nun stehen sie aufrecht.
omusema, Plur. omisema, S., seichtes Wasserloch im Flussbett.
omusepa, S., Ader, Sehne (im Körper).

omuserandu, Plur. *ovaserandu*, S., »roter Mensch«, d. h. Hottentott.
omuseratenge, S., Unglück, was einem überall anhaftet und auf andere übergeht.
omusia, Plur. *ovasia*, S., Schwesterkind.
omusukorume, Plur. *ovasukorume*, S., Unbeschnittener und auch ein von der Beschneidung noch nicht Geheilter; v. *sukara*.
omuṱa, Plur. *omiṱa*, S., Ritze, Spalte im Holz, in der Erde u. s. w.
omutanda, Plur. *omitanda*, S., das junge Geschlecht (von Menschen und Tieren). Sowohl das einzelne Individuum als der gesamte junge Nachwuchs.
omuṱena, Plur. *ovaṱena*, S., Bruder einer weiblichen und Schwester einer männlichen Person.
omutendereti, Plur. *omitendereti*, S., ein dornloser Baum auch *omunguindi* genannt mit essbaren *oʒonguindi* genannten Beeren. Seine Wurzel wird zu Getränken, sein Holz zu Gefässen verwandt.
omutenja, S., Tag im Gegensatz zur Nacht; Tageshitze.
omuti, Plur. *omiti*, S., Baum, Holz, Medizin.
omuṱi, Plur. *ovaṱi*; v. *ṱa*.
omutima, Plur. *omitima*, S., Herz, auch geistig wie im Deutschen.
omutjatjo, S., Schrot.
omutjimba, Plur. *ovatjimba*, S. Die Ovatjimba unterscheiden sich von den eigentlichen Herero vornehmlich durch ihre Armut, d. h. dadurch, dass sie kein Vieh besitzen.
omutjira, Plur. *omitjira*, S., Schwanz.
omutjise, Plur. *omitjise*, S., Krankheit.
omutua, Plur. *ovatua*, S., Angehöriger eines anderen Volkes; oft in verächtlichem Sinne gebraucht.
omutuaro, Plur. *omituaro*, S., Last, Bürde.
omutue, S., Asche.
omutundu, Plur. *omitundu*, S., Ganzheit, Gesamtheit, Leichnam.
omututa, Plur. *ovatuta*, S., getreuer, zuverlässiger Knecht, Hirte.
omuvanda, Plur. *omivanda*, S., freier Platz im Dorfe, breite Strasse.
omuvapu, Plur. *omivapu*, S., Busch mit kleinen essbaren *omandjembere* genannten Beeren. Er wird zu religiösen Zwecken gebraucht.
omuvare, S., grosse Wassermasse, mit Wasser bedeckte Ebene; v. *okuvare*.
omuvena, Plur. *ovavena*, S., männlicher, mannhafter, mutiger Mensch. Ehrenbezeichnung, besonders für Kinder.
omuvero, Plur. *omivero*, S., Thür, Pforte.
omuvite, Plur. *omivite*, S., Weinstock (aus dem Lateinischen).
omuʒamumue, Plur. *ovaʒamumue*, S., Mensch von gleicher Herkunft mit einem anderen (von *ʒa* herkommen und *mumue* zusammen), Verwandter.
omuʒandu, Plur. *ovaʒandu*, S., Knabe, Jüngling.
omuʒaro, S., Schmuck; v. *ʒara*.
omuʒe, Plur. *omiʒe*, S., Wurzel.

omuzeze, S. und unveränderliches Adj., süsser Saft, süss; omavinju omuzeze.
omuzire, Plur. omizire, S., Schatten, als Kühlung gebend (otjizire Schatten als Abschattung, Bild).
omuzo, S., Weise des Seiens, Verhaltens; vergl. oruzo.
omuzorera, S., dicke Finsternis; v. onḑorera.
omuzorotua, Plur. ovazorotua, S., Bergdamra, von omutua und zoro »schwarzer Fremder«.
oṇa, Nebenform von otjiṇa, S., Sache, Ding, Etwas.
oṇa und onima (o, ene; e, ine) gesättigt sein, sich gesättigt fühlen.
oṇango, S., Galle.
onḑaja, S., vornehmlich der Segen, aber auch der Fluch des Sterbenden über seine Kinder; jetzt fast nur für Segen und zwar für Segen im allgemeinen gebraucht. In Verbindung mit dem anders nicht gebrauchten sera (sera onḑaja) segnen: me sere onḑaja kove und me ku serere onḑaja ich segne dich.
onḑambo, S., Spur, Fussspur.
onḑana, S., Kalb.
onḑanambe, S., frisch milchende Kuh.
onḑandona, S., halb erwachsener Ochs.
onḑangu, S., Ruhm, Berühmtheit.
onḑara, S., sehr grosse giftige Schlange.
onḑaro, S., Geduld, Duldsamkeit; v. zara.
onḑavi und orutavi, S., Zweig, Aehre u. s. w.
onḑaze, S., Gerücht.
onḑe, S., die gewöhnliche Hausfliege.
onḑekurona, meist Plur. ozondekurona, S., Nachkommenschaft.
onḑendu, S., Kuh, weibl. Schaf, weibl. Ziege u. s. w.; v. zendu.
onḑengu, S., Wert, Belang: ovikuria kavi nanḑengu die Speisen sind nicht von Belang (bezüglich ihrer Qualität oder Quantität).
onḑera, S., Vogel.
onḑero, S., Verlangen, Sehnsucht; v. zera.
onḑi, S., Ekel infolge fetter Speisen.
onḑimba, S., Höhle.
onḑikua, S., Nachkommenschaft, besonders von der zweiten Generation an.
ondindo, S., Appetitlosigkeit.
ondira, S., Furcht, Ehrfurcht; ondiriro das Fürchten; v. tira.
ondiri, S., Schwalbe und Fledermaus.
onḑiro, S., das Sterben, der Tod; v. ṭa.
ondiuo, S., Glocke, Schelle.
ondja, a, ere, V. intr., voran, weiter gehen, meist mit ka (kaondja); kaondje gehe voran, d. h. weiter.
ondjahe; v. jaha.
ondjambi, S., Lohn, Belohnung.
ondjamo; v. jama.

ondjapukiro; v. *japuka*.
ondjara, S., Hunger; *ndjarapara* hungern, Hunger leiden.
ondjaṱu, S., Sack, Beutel; v. *ekutu*.
ondje, S., Skorpion.
ondjembo, S., Gewehr.
ondjenda, S., Mitleid, Leidwesen; v. bei *ninga*.
ondjendje, S., Glasperle.
ondjerera, S., Licht; v. *jera*.
ondjesiro, S., Erlassung (Schuld), Vergebung; v. *isa*.
ondjeʒu, S., Moos, feines Gras; *orujeʒu* Bart.
ondjima, S., Affe.
ondjira, S., Weg.
ondjise, S., Kopfhaar, meist im Plural, der Singular bezeichnet ein einzelnes Haar; vergl. *einja*.
ondjiue, Plur. *oʒondjiue*, S., Kenner, Wisser, Verständiger; v. *tjiua*.
ondjo, S., Schuld, besonders auch moralische, Sünde, gewöhnlich mit *tura*: *eje ua tura ondjo* er hat sich verschuldet, versündigt.
ondjombo, S., Brunnen (im allgemeinen); v. *ombu*.
ondjona, S., Schaflamm.
ondjou, S., Elefant.
ondjoʒa (jondjoʒa), V. trans., opfern für den Verstorbenen; von den als Totenopfer geschlachteten Rindern sagt man *oʒongombe ʒa ondjoʒa*, und diese Rinder heissen *oʒongondjoʒa*.
ondjupa, S., Flaschenkürbis, »Kalebas«.
ondjuuo, S., Haus.
ondoka, S., Weiser.
ondombo, S., Teer.
onḑonḑu, S., Fluss (überhaupt); v. *omuramba*.
onḑopo, Adv., verschiedenartig, nicht übereinstimmend.
onḑorera, S., Finsternis; v. *ʒorera*.
ondoro, S., Gesang der Frauen wegen eines Toten und zum Anfeuern der Männer im Gefecht: *mave roro ondoro* sie singen Ondoro.
ondova, S., Schmutz.
ondovi, S., Loch, welches durch einen Gegenstand (ein Brett, ein Kleid u. s. w.) hindurch geht.
onḑu, S., Schaf.
ondu; v. *orondu*, § 241.
ondua, S., Fremdlingsdorf.
ondueʒu, S.; v. *tueʒu*.
ondui, S., Same, auch menschliche Nachkommenschaft, d. h. Kind.
ondume, S., grosser Hammel, grosser Kapater.
ondundu, S., Berg.
onḑunḑu, S., die Eigenschaft, seine Liebe zu jemand vor anderen zu verbergen.
ondunge; v. *oʒondunge*.

ondungo, S., Nagel, Pfriem.
onduno, S., eine grosse Antilope, Gemsbock.
ondura, S., rohes Fett.
onduzu, S., eine Schildkröte.
onga (*uonga*), *o*, *ere*, V. trans., sammeln, zusammenbringen; *ongara* sich versammeln; *ombongo* Gemeinde, Gemeinschaft; *ombongarero* Versammlung.
ongaango, Adj., welches sein Präfix dem des Substantiv nicht anpasst, *okuti ongaango* wüste, kahle, unfruchtbare Gegend.
ongana, S., Räude der Ziegen (nicht der Schafe; v. *etuza*), Flechte der Menschen.
onganda, S., Dorf, Stadt; v. *ohambo*.
ongandji, Adj., welches sein Präfix dem des Substantiv nicht anpasst, unfruchtbar; *omukazendu ongandji*; *ongombe ongandji*.
onganga, Plur. *ozonganga*, Zauberer, Zauberdoktor, Perlhuhn. In letzterer Bedeutung wird das *a* der mittleren Silbe höher gesprochen als in der ersten Bedeutung.
ongangura, S., ein Männertanz; vergl. *outjina* und *omuhiva*.
ongara, S., Blume.
ongarero, S., das Verhalten, der Lebenswandel; v. *kara*; *ongaro* und *otjikaro* bezeichnen mehr das Wesen, die Seiensweise.
ongava, S., Rhinoceros.
ongeama, S., Löwe.
ongendjo, S., Redekunst, Wohlredentheit.
ongero, S., das letzte Kind einer Mutter oder eines Vaters.
ongo, Plur. *ozongo*, S., Notschrei, Hülferuf, auch sowohl die um Hülfe Rufenden als die zu Hülfe Eilenden. Beim Tode eines Menschen sagt der Heide: *eje ua teza ongo jauo* er ist ihrem (der Väter) Ruf gefolgt oder den Vorausgegangenen gefolgt.
ongoho, S., Ring, Reif des Fingers, Armes, Rades.
ongoma, S., Musik, Musikinstrument.
ongombe, S., Rind.
ongombo, S., Ziege.
ongomi, S., geballte Faust.
ongondivi, S., Butter.
ongongo, S. und Adv., schön, geschmackvoll: *eje ua tungu ongongo* er hat geschmackvoll gebaut.
ongora, S., Peitsche.
ongoro, S., Knie, Zebra.
ongororo; v. *korora*.
ongotu, S., eine Antilope, »roter Bock«.
ongoze, S., Strick, Faden.
onguari, S., »Fasan«.
ongue, S., Leopard; *okahue* (= kleiner Leopard), Katze.
onguehe, S., eine Pflanze, »Elefantengras« und die daraus verfertigten Schlingen, Fangstricke.

onguiju, S., »Springhase«.
onguinja, S., Keule, »Kirri«.
onguju und *onguu*, S., Zeug, d. h. Kleiderstoff.
onguku, Adv. und unveränderliches Adj., ungesalzen, ungewürzt.
ongupa, S., Buschlaus.
ongurova, S., Abend.
onguta, S., Wegspeise.
onguti, S., eine mittelgrosse Taube.
onia, S., Bienenschwarm im Felsen.
onja, S., Horn.
onjama, S., Fleisch.
onjanda, S., Schaf, Ziege, Kalb.
onjara, S., Nagel am Finger und an der Zehe, Klaue.
onjati, S., Büffel.
onjembo, S., ungeziemende, schlüpfrige Rede.
onjima, S., Schweigsamer; *njimapara* schweigsam sein.
onjoka, S., Schlange.
onjoko, Plur. *oonjoko*, deine und eure Mutter; v. *ina*.
onjose, S., Stern.
onjota, S., Durst.
onjuitji und *onjutji* Biene; *ouitji* und *outji* Honig, Zucker.
onjuṇe, S., Wohlgefallen, welches einem eigen ist und welches man an anderen hat.
onjungu, S., Topf, Tabakspfeife.
onongo, S., Kluger, Verständiger.
onungu, S., Stachelschwein.
onusu, S., After.
opo, Pron. pers., § 167 ff.
opoṇa, v. § 167 ff.
opu, Adv., dort, daselbst, § 162. Mit angefügtem Pronomen personale drückt es die Begriffe »genug«, »alles« aus: *ovandu opuuo, oʒongombe opuʒo, oviṇa opuvio*.
ora und *uora, o, ere*, V. intr., faulen, stinken (vor Fäulnis); V. trans., biegen, beugen: *mave uoro oʒongoro* sie beugen die Knie.
oro, Pron. pers., § 46.
oromongo, S., Bergrücken.
orondu und *ondu*, Adv. und Konj., weil, denn, § 241.
oruara, S., Tragbahre; vergl. *orurova*.
oruhaka, S., Eile.
oruharui, S., Quelle; v. *orui*.
oruhere, S., Mehl.
oruhira, S., Schürze.
oruhoro, S., Fallgrube.
oruhoʒe, S., Trauer, Betrübnis.

oruhuaka, S., dicker Eisendraht.
oruhungu, S., Hügel oder Berg ohne Spitze; *ohungu* ein Stück Vieh ohne Hörner, Frau ohne Haube.
orui, S., Wasserstelle; v. *oruharui*.
oruiho, S., Fenster.
oruira und *orujira*, S., Pfad.
orujameto, S., Dienstfertigkeit.
orujano, S., das Schwören, der Schwur.
orujeʒu; v. *ondjeʒu*.
orukaku, Plur. *oʒongaku*, Schuh.
orukambe, S., »Hartebeest«, Pferd; v. *okakambe*.
orukoro, S., Brust, d. h. Brustkasten; v. *ekoro*.
orukosi; v. *kosi*.
orukova, Adv., allseitig, von allen Seiten; vergl. *kovera*, *omukova* und *ekoʾo*.
orukoʒe, S., eine Habichtart.
orukuato; v. *kuata*.
orukumbambura, S., Wirbelwind.
orukuŋe, Plur. *oʒongune*, S., dürrer Baum, dürres Stück Holz, Brennholz.
orukupo, S.; v. *kupa*.
orukutu, S., Schweiss; *rukutura* schwitzen.
orumbembera, S., eine Hälfte eines längs durchgeschnittenen Gegenstandes, auch Teil überhaupt.
orumbo, S., Hecke, Mauer, durch welche ein Stück Gartenland und dergleichen eingefasst ist.
orumongo, S., Einäugigkeit.
orumue, S., Mücke.
orumuinjo, S., sanfter, kühlender Wind; v. *omuinjo*.
orundindo, S., Eidotter.
orundumba, S., Verrücktheit, Tollwut.
orunguʒa; v. bei *kuruka*.
orunjuaa, S., Hustenreiz.
orupambo, S., Naht (am Kleide).
orupanda, Plur. *otupanda* und *omapanda*, Herde, Hofraum.
orupati, Plur. *oʒombati*, Rippe, Seite.
orupaʒe, S., langer Fuss; *korupaʒe*, Adv., zu Fuss: *mave ende korupaʒe* sie gehen zu Fuss; v. *ombaʒe*.
orupera, S., Umhängefell, Mantel, Talar.
orupiu, S., Ohrfeige.
orupoo, S., eine Reihe hinter einander sich befindender Gegenstände.
oruramua, S., Gaumen.
oruroto, S., Traum; v. *rota*.
orurova, S., Totenbahre; vergl. *oruara*.
orururumo, S., Flamme; v. *ruruma*.
orusenina, S., letzte Zeit; Adv., zuletzt; v. *senina*.

orusepa, S., Garn.
orusu, S., eine stattliche Mimose.
orutana, S., junges zartes Bäumchen, Pflänzchen, Neumond.
orutanga, S., Fruchtbarkeit von Menschen, Tieren und Pflanzen.
orutepi, S.; v. *okupi*.
oruteto, S., Reihe.
orutjandja, S., kahle Ebene.
orutjato, S., Wohlgeschmack, Wohlwollen; v. *tjata*.
orutjeno, S., Blitz, epileptischer Anfall und dergleichen.
orutjindo, S., Umzug nach einem anderen Wohnort; v. *tjinda*.
orutone, S., Vorschlag, d. h. der vordere, dünne Riemen an der Peitsche.
orutoto, S., enges, tiefes Loch.
orutu, S., Leib, Körper.
orutumbo, S., Reichtum, Besitztum; v. *tumba*.
orutuuo, S., Löffel.
orututumo, S., Donner; v. *tutuma*.
oruu, S., Schilf, Ried.
oruuku, S., feiner zu Staub gewordener Mist, aufgeschwemmter feiner Sand u. s. w.
oruuma, S., Staub.
oruvao, S., ein hartes Stück Haut, jetzt auch für Schild gebraucht.
oruvara, S., Macht, Kriegsheer; v. *ombara*.
oruveʒe, S., Raum, Zeit.
oruvindu, S., Blutseuche, besonders bei Schafen vorkommend; v. *ombindu*.
oruvio, S., Messer; *engaruvio* (*enga* und *oruvio*) Schwert.
oruʒo, S. Die Otuzu sind religiöse und soziale Gebräuche, welche sich vom Vater auf die Kinder forterben und nach welchen die Herero sich in mehrere Abteilungen unterscheiden; vergl. *eanda*.
osemba, S., das Rechte, das Recht.
osengo, S., Genick, Nacken.
oserekaʒe, S., vornehme Frau.
oseu und *oruseu*, Plur. *oʒoseu*, S., ein essbares mehliges Zwiebelchen.
oseua, S., das Hinterbliebene, d. h. Waisenkind; v. *sia*.
osi, S., ursprünglich, das die Werft umgebende Feld; jetzt fast nur noch mit *ku* und *pu* (*kosi*, *posi*) als Präposition und in der Form *kosio* und *posio* als Adverb gebraucht.
osioti, S., Niere.
osire, S., Verkohltes, Schiesspulver.
osunda, S., Blüte, aufgebrochene Blätterknospe.
ota, *uota* und *yota*, *o*, *ere*, V. trans., schöpfen (Wasser, Getreide u. s. w.), auch Wärme schöpfen, d. h. sich wärmen.
otama und *votama*, *a*, *ene* ermatten.
otja, Adv., wie; *otji* so.
otjambo, S., Sitte, Manier und besonders Sprache der Ovambo.

otjangu, S., Sitte, Manier und besonders Sprache der Kinder; v. *omuangu*.
otjari, S., Brusthöhle, Barmherzigkeit, Gnade; *tjaripara* Barmherzigkeit, Mitleid empfinden.
otjavivi, S., Heuchelei.
otjeme, S., Feuchtigkeit des Erdbodens.
otjiaha, S., Schüssel.
otjihakautu, S., Kartoffel.
otjihako, S., Zeichen.
otjihahambunda, Adv., rückwärts.
otjihanda, S., Korb.
otjihavero, S., Stuhl, Bank; v. *havera*.
otjihaʒe, Adj., unordentlich, ungeordnet, nicht von Menschen; v. *haʒendu*.
otjiheimukuru, S., Fremdartiges (etwas selbst dem Mukuru Unbekanntes oder was neu ist und folglich den Ovakuru noch nicht bekannt war).
otjiheke, S., Hinterschurz der Frauen.
otjihende, S., Stumpf eines Baumes, d. h. Baum ohne seine Aeste.
otjiherero, S., Sitte, Manier und besonders Sprache der Herero.
otjihorera, S.; v. *horera*.
otjihua, Nebenform von *ehua*.
otjihuro, S., reiches, grosses Dorf.
otjihuʒe, S., Wertgeschätztes, Kostbares.
otjiina, S., Nebenform von *ina* oder *iina*, Mutter der Bienen, der Ameisen, die alte Kartoffel, aus der die neuen gewachsen sind u. s. w.
otjijambe, S., eine Eisenperle, welche der Bräutigam der Braut als Verlobungszeichen gibt.
otjikaiva, S., Schmetterling, Kopftuch.
otjikamba, S., Wolke.
otjikambi, S., Wachs.
otjikamo, S., Deckel.
otjikangure, S., Bügeleisen.
otjikaravena, S., Oberleder eines Schuhes (aus dem Nama).
otjikaro, S.; v. *ongarero*.
otjikere, S., Wall, Rand, hohes Ufer.
otjikoko, S., Eidechse.
otjikokotua, S., Getreide, Brot.
otjikombo, S., Besen, sowie ein kleiner Vorbau an der Hausthür. In der ersten Bedeutung wird das *o* der Mittelsilbe höher gesprochen.
otjikondambunda, S., Kreuzgegend (bei Menschen und Tieren).
otjikonde, S., Schneidewerkzeug, wie Sichel, Schere.
otjikoroha, Plur. *ovikoroha*, Pocken und ähnlicher Ausschlag.
otjikoti, S., Fuss (von Tieren).
otjiku, S., Pfeil.
otjikunino, S., Garten, Getreidefeld u. s. w.
otjikuria, gewöhnlich Plur. *ovikuria*, Speise.

otjikutu, S.; v. *omuhoko*.
otjimbaharere, S., Märchen, Fabel.
otjimbakuna, S., Kürbis, »Pampune«.
otjimbandangere, S., Erkältung mit Schnupfen.
otjimbe, S., ein Trauerzeichen; v. auch bei *jana*.
otjimbumba, S., Menge, Haufen, Schar.
otjina, S., Ding, Sache.
otjindimba, S., Geschwür (besonders von Milzbrand).
otjindjue, S., grosses Geschrei.
otjindjumba, S., Fieberkrankheit.
otjindombo, S., eine Aloe.
otjinguma, S., Schlaffell, d. h. eine Ochsenhaut oder ähnliche Haut, worauf man schläft.
otjini, S., Mörser.
otjinjo, S., Mund, Maul.
otjinuino, S., Trinkgefäss
otjiondo, S., Epoche. Fast jedes Jahr bildet eine besondere Otjiondo, welche nach einem darin vorgekommenen hervorragenden Ereignis genannt wird.
otjionga, S., Unglück, böses Verhängnis.
otjipa, S., Baumast; *orupa* langer Ast sowie lange, horizontal liegende Wurzel, Nebenfluss u. s. w.
otjipapeko, S., Deckel, Thür.
otjipara, S., Stirn.
otjipiriko, S., Trauermütze; v. auch bei *jana*.
otjipo, S., Fehler, Gebrechen, körperliches wie moralisches, Versündigung.
otjiposa, S., Streit, Zank, Streitsache; v. *posa*.
otjipu, S., Krüppel, Missgestalteter.
otjipuka, S., Tier, besonders Wild.
otjira, S., Ratsversammlung, gute Ordnung.
otjiramata, S., »Stechgras«, Klette.
otjirangaranga; v. *rangaranga*.
otjiriro, S., Tisch, zunächst der zum Essen bestimmte; v. *ria*.
otjirongo, S., bewohnbarer Ort.
otjirua, S., Gefecht.
otjiruaro, S., Wunde.
otjiruejo, S., Trägheit, Faulheit.
otjirumbu, S.; v. *rumbu*.
otjiruo oder *otjiruuo*, S., Vogelnest an einer erhöhten Stelle, d. h. nicht an der Erde.
otjiruru, S., Gespenst.
otjisema, S., Teig (zum Brot machen).
otjisenginina, S., das Nachgeahmte, Bild, Götze; v. *senginina:*
otjiserauva (*otjiserajuva*), S., Abendrot.

otjiserekarerua = *otjisenginina*, aber weniger für Götzenbild gebraucht; v. *serekarera*.
otjisinge, S., Kamm.
otjisiui, S., eine kleine Eule.
otjisume, S., Frosch.
otjisuta, S., Bezahlung, Lohn; v. *suta*.
otjitama, S., Wange, Backe.
otjitandi, S., Bosheit.
otjitara, S., Schattendach auf Pfählen (als Versammlungsort).
otjitatu, S., Rinde, Schale.
otjitau, S., Scherbe, Lappen; v. *tauka*.
otjitenda, S., Eisen, Blech und daraus verfertigte Gefässe.
otjiṭiro, S., grosses Sterben, Ort mit vielen Sterbefällen.
otjititipongo, S., eine grosse blaue Taube, auch die zahme Taube.
otjitjuma, S., Gefäss.
otjito, S., ein kleines Loch, z. B. durch Messerstich am Körper.
otjitona, S., das Schlagen, der Schlag; v. *tona*.
otjitoto, S., Loch (nicht durchgehend); vergl. *ondovi*.
otjiṭunda, S., Stelle, wo Menschen im Gefecht gefallen, wo Tiere erlegt sind.
otjitundu, S., Termitenhaufen; vergl. *ondundu* und *etundu*.
otjiṭunga, S., Schanze, Burg, Festung.
otjitunja, S., Gabe, welche der Bräutigam dem Vater der Braut vor der Hochzeit gibt.
otjiṭuve, S., Schulter, Achsel.
otjiua, S., Euter.
otjiuangungu und *otjivandeka*, S., allgemeines Sterben durch Krankheit, im Gefecht u. s. w.
otjiuunda, S., Stoppel, Baumstumpf u. s. w.
otjiungura, S., Arbeit, Werk.
otjiuru, S., Haupt.
otjivara, S., Farbe (besonders des Viehes).
otjivaro und *otjivarero*, S., Zahl.
otjivava, S., Flügel, Schwinge; v. *papera*.
otjivereko, S.; v. *vera*.
otjiʒaro, S., Schmuck, Schmucksache.
otjiʒe, S., Pomade zum Beschmieren des Körpers, aus gestampftem rotem Stein und Butter oder Fett bereitet; auch dieser Stein selbst; vergl. *omaʒe*.
otjiʒero, S., freier Raum vor dem Hause, in welchem die heiligen Gefässe aufbewahrt werden; auch dies Haus selbst.
otjiʒeva, S., Teich, kleiner Weiher.
otjiʒo, S., Henkel, Stiel, Griff an Gefässen.
otjiʒumaue, S., durch Meteore hervorgebrachtes Geräusch; v. *ʒuʒuma* und *eue*.
otjiʒumba, S., Parfüm, Räucherpulver.

otjo, Pron. pers., § 46. Auch adverbial gebraucht: *otjo* so ist es; *etjo?* ist es (wirklich) so? *katjo(?)* so ist es nicht, ist es nicht so?
otjongua, S., Brackigkeit, Salpeterhaltigkeit (vom Erdboden).
otjoo, S., geliebter Aufenthaltsort, Heim.
otjorive; v. *rive*, § 65.
otjunda, Plur. *oviunda*, Hürde, »Kraal«.
otuendetujenda und *otuetujenda*, S., eine Abmagerungskrankheit (Auszehrung?).
ouami; v. *oami*.
ouee (oueje), Interj., wehe!
ouhaija, S., Herrenlosigkeit: *omundu u ri mouhaija* der Mensch ist ohne Herrn, in niemandes Dienst; *oviṇa mbi vi ri mouhaija* diese Sachen haben keinen Herrn, Eigentümer.
oujaju; v. *ejaju*.
oujara, S., Geborgenheit, Gefahrlosigkeit.
oujere, S., Klarheit; v. *jera*.
oujova, S., Dummheit; v. *ejova*.
oukahu, S., Beherztheit; v. *kaha*.
oukohoke, S., Reinheit; v. *koha*.
oukopo, S., Sparsamkeit, Knauserei.
oukorokope, S., Habsucht, Geiz; v. *korokopa*.
oukoze, S., Eifersucht (von Seiten des Mannes).
oukuao, S., Gleichheit, Freundschaft, gegenseitige Beschenkung.
ounatje, S., Kindheit, das Kindsein, und Plural von *okanatje*.
oundandi, S., Bosheit, Widerspenstigkeit.
oundina, S., Naseweisheit, Frechheit.
oumene, S., Grösse.
oumganga, S., Zauberei; v. *onganga*.
oumgundi, S., Schwäche.
oumingandu; v. *ṇingandu*.
ounjaṇutima, S., Erbarmen, Barmherzigkeit, Mitleid.
ounjima, S., Schweigsamkeit.
ounongo, S., Klugheit; v. *onongo*.
oupaime, S., Vorsichtigkeit, Aufmerksamkeit; v. *paima*.
oupandi, S., Fleiss, das Eifrigsein in der Arbeit.
oupanga, S., Gütergemeinschaft, in welche auch Frauen mit eingeschlossen werden können, jedoch haben auch Frauen selbst sowie unverheiratete Leute oft Oupanga mit einander, Freundschaft.
ouparanga, S., Breite, Geräumigkeit.
oupatje, S., Munterkeit, Umsichtigkeit, Aufmerksamkeit.
oupe, S., Neuheit.
oupenda, S., Tapferkeit; v. *ependa*.
oupikapike, S.; v. *pikapika*.
oupirapire, S., fast wie *oupikapike*.
oupiu, S., Hitze, Feuerhitze.

oupore, S., *pora*.
oupoṯu, S., Blindheit; v. *poṯu*.
oupukurukue, S., Anstand, geziemendes Wesen.
oura, Plur. *omaura*, S., Eingeweide, besonders: Gedärme.
ourangaranga, S., Widerspenstigkeit; v. *rangaranga*.
oure, S., die Länge (nach jeder Richtung hin); v. *re*.
ourenga, S., Verzierung, besonders an Kleidern.
ourumbu, S., Dürre (des Landes); eigentlich: das blasse Aussehen der Erde, wenn alles darauf vertrocknet ist.
ourunde, S., die Eigenschaft des Omurunde.
oururu, S., Bitterkeit; v. *ruru*.
oururi, S., Gehirn; *oruruvi* Rückenmark.
ousemba, S., Geradheit, Gerechtigkeit; v. *semba*.
ousiona, S., Armut; v. *siona*.
ousupi, S., Kurzheit, Kürze; v. *supi*.
outa, Plur. *omauta*, S., Bogen (zum Schiessen); *outa uombura* Regenbogen.
outase, S., frischer, noch weicher Kuhmist.
outiṯi, S., Kleinheit, Weniges; auch Plural von *okaṯiṯi* kleine.
outji, S.; v. bei *onjuitji*.
outjina, S., Frauentanz; vergl. *omuhiva* und *ongangura*.
outonga, S., das Hochsein, Hoheit; v. *tonga*.
outoṇi, S., Sieg, Ueberwindung, auch Siegeszeichen, d. h. Einschnitte auf Brust und Arm wegen Tötung von Menschen, Löwen und einigen anderen Tieren; v. *toṇa*.
outua, S., das Fremdsein, dann auch Knechtschaft; v. *omutua*.
outue, S., Schärfe, besonders: die Schärfe (Härte) in der Behandlung von Menschen und Tieren; v. *tue*.
outuika, S., Eiter; v. *tuika*.
outuku, Plur. *omauṯuku*, Nacht.
oututa, S., Weide, das Weiden; v. *omututa*.
ouuanga, S., Gift.
ouue, S., das Gruseln (wenn einem eine »Gänsehaut« überläuft).
ouvanḏe, S., die Eigenschaft des Ombanḏe.
ouvara, S., die Eigenschaft des Ombara.
ouvari, S., Jährigkeit; *onḏu jouvari* einjähriges Schaf; *ombura jouvari* Jahr einer Jährigkeit, d. h. vor einem Jahr; *ouvari kombunda* nach einem Jahr; *ouvariona* kleine Jährigkeit, d. h. Zweijährigkeit.
ouvena, S., die Eigenschaft des Omuvena.
ouverandu, S., Kränklichkeit, Neigung zu Krankheiten.
ouvi, S., Schlechtheit, Hässlichkeit; v. *vi*.
ouẓuvo, S., Gift.
ova, *oo*, *overe*, V. intr., auch *vova*, *vovo*, *vovere* lügen, lügnerisch sein; *ovisa* und *oveka* belügen.
ove, Pron. pers., du, § 46.

ovihengeti, S., neben einander stehende Pfähle, Stäbe, Gitter.
ovijaju; v. *ejaju*.
ovijoʒe, S., Wahnsinn, Verrücktheit.
ovineja, S., Unehrlichkeit, Unaufrichtigkeit, Betrügerei.
ovingongo, S., Halsband, Halsschmuck; vergl. *ongongo*.
ovirapura, S., Leber, Lunge und Herz, sofern dieselben als Speise benutzt werden; v. *rapura*.
oviria, S., »Kafferkorn«, auch Getreide überhaupt.
ovita, S., Feindschaft, feindliches Kriegsheer.
oʒoha, S., die den Hauptort (*onganda*) zum Zweck der Bewachung und des Schutzes in einiger Entfernung umgebenden Posten (*oʒohambo*); *koʒoha* auch als Adverb: *ovanavita ve ri koʒoha* die Feinde haben den Ort in einiger Entfernung umgeben.
oʒohanja, S., Sonnenstrahlen.
oʒohindja, S., Risse in den Fusssohlen (vom Barfussgehen).
oʒohukutu, S., Zwischenträgerei, Klatscherei.
oʒombata, S., Zank, Wortgefecht.
oʒomboʒu, S., Schlaf.
oʒondi, S., weisse Haare (vor Alter): *eje ua ruku oʒondi*.
oʒondia, S., Essbegierde, die Neigung, alle Speisen zu beschmecken; Naschhaftigkeit.
oʒondiondio, S., die Umgebung; meist als Adverb *koʒondiondio* ausserhalb, ringsherum.
oʒondjungo, S., Klatscherei, Klatschhaftigkeit.
oʒonduma, S., Lüste, Begierden (nur im Plural); fast immer im üblen Sinne.
oʒondunge, S., Verstand, Klugheit (nur Plural).
oʒongahurunge (= *oʒondunge oʒongahu*) scharfer Verstand; v. *haha*.
oʒongama, S., Mitgefühl, Mitleid, besonders: elterliches.

Pa, pe, pere, V. trans., geben, schenken: *me ku pe* ich gebe dir; *eje ua peua* ihm ist gegeben; *ndji pao* und *mbandjeo* gib mir doch; vergl. *jandja*.
paaʒara, a, ere, V. intr., ausgebreitet sein (Flügel, Segel).
paha, a, ere, V. trans., suchen, wünschen, wollen, begehren.
paima, a, ene, V. intr., aufmerksam, vorsichtig, behende sein.
paka, a, ere, V. trans., begraben (einen Toten), auch: *ma paka omatui* er spitzt die Ohren, horcht genau; *pakera, e, ere* etwas wo hineinfüllen, hineinstopfen (in ein Gefäss, einen Sack).
pakata, a, ere, V. trans., umarmen, umgeben.
pakuka, a, ire, V. intr., sich absondern, lossagen, losreissen; trans. *pakura*; vergl. *panguka* und *japuka*.
pama, a, ene, V. intr., beengt, eingeengt, zusammengepresst sein.
pambaha, a, ere, V. trans., umhertasten, betasten (wie ein Blinder).
pambara, a, ere, V. trans., an etwas klopfen mit der Hand, anklopfen.
pambauka, a, ire, V. intr., irre gehen, die Richtung verlieren.

pamburuka, *a*, *ire*, V. intr., aufbrechen, anbrechen (der Tag): *omuhuka ua pamburuka* der Morgen ist angebrochen (das Morgenlicht hat sich ausgebreitet; *omuṯa ua pamburuka* der Spalt (Riss) hat sich weit geöffnet; trans. *pamburura*.
pamenena, *e*, *ene*, V. trans., besprengen.
pamue, Adv., zusammen; dagegen *pemue* an einem Ort.
pamuka, *a*, *ire*, V. intr., aus einander bersten, platzen; trans. *pamuna*.
panḓa, *a*, *ere*, V. intr., sich weigern: *ma panḓa okuungura* er weigert sich zu arbeiten; *panḓera* sich wegen etwas weigern, d. h. sich weigern, von etwas zu lassen, also anhangen, an etwas beharren: *me panḓere pove* ich hange dir an (werde nicht von dir lassen).
pandeka, *e*, *ere*, V. trans., fesseln, binden (Lebendiges).
pandipara, *a*, *ere*, V. intr., emsig, fleissig sein.
pandjara, *a*, *ere*, V. intr., verloren gehen, sich verlieren: *oʒonḓu ʒa pandjara* die Schafe sind verloren; *pandjarisa* verlieren.
panduka, *a*, *ire*, V. intr., los gehen, sich lösen, auch entbunden werden (Frau); trans. *pandura*; *pandukisa* Geburtshülfe leisten.
panga, *a*, *ere*, V. trans., ärzlich behandeln.
panguka, *a*, *ire*, V. intr., sich lostrennen, abtrennen; *panguruka* in verschiedene Teile aus einander fallen. Die transitive Form *pangura* wird auch für richten, schlichten gebraucht.
pangunuka, *a*, *ire*, V. intr., fast = *panguruka*; trans. *pangununa*.
papa, *a*, *ere*, V. intr., dick, fett sein (von Kindern, Getreide u. s. w.).
papaiʒa, *a*, *ire*, V. intr., blinzeln (mit den Augenlidern).
papeka, *e*, *ere*, V. trans., zudecken (mit einem Deckel).
papera und *vavera*, *e*, *ere*, V. trans., in ausgebreiteter Form anheften (ein Fell auf den Boden, einen Menschen ans Kreuz).
papetiʒa, *a*, *ire*, V. trans., taufen (aus dem Griechischen).
papi, Adj., dünn, flach; *eue epapi*, *otjiaha otjipapi*.
papu (*pa pu*); v. *pua*.
para, *a*, *ere*, V. trans., scharren, kratzen, reiben; davon *okaparua* Streichhölzchen.
paranga, *a*, *ere*, V. intr., weit, breit, ausgedehnt sein; Adj., weit, breit, ausgedehnt.
parura, *a*, *ire*, V. trans., ernähren; intr. *paruka*.
parusa und *paruisa*, *a*, *ire*, V. trans., fehlschiessen, vorbeischiessen (mit dem Pfeil, Stein, Wort).
pata, *a*, *ere*, V. trans., schliessen (das Haus, die Kiste, einen Raum), einschliessen, auch verweigern: *omukarere ua patua ovikuria* dem Knechte ist die Speise eingeschlossen, d. h. verweigert.
patana, *a*, *ene*, V. intr., ableugnen, abstreiten.
patji; v. *tja*.
paturuka, *a*, *ire*, V. intr., aufgehen, d. h. sich öffnen; trans. *paturura*; v. *pata*.
pauka, *a*, *ire*, V. intr., ausreissen (wie ein Knopfloch); trans. *paura*.

pe, Adj., neu; *etemba epe*; *ondjuuo ombe*; *pepara* neu werden; *peparisa* neu machen, erneuern.
pehi, Adv., unten, nieder, daneben, auch: *mbi ri pehi* ich bin daneben (habe keine Arbeit); *ozongombe zopehi* Reserveochsen.
peke, Adv., allein, einzeln, besonders: *mbe ja peke* ich bin allein gekommen (nicht mit anderen zusammen); dagegen: *mbe ja erike* ich allein bin gekommen (ausser mir ist niemand gekommen); *pekepeke* vereinzelt (nur von mehreren Gegenständen).
pembaera, e, ere, V. intr., glänzen, z. B. wie die Haut eines Wohlgenährten.
pemue; v. *pamue*.
pendje, gewöhnlich Adv., selten Präp., draussen, ausserhalb: *ovandu ve ri pendje* die Leute sind draussen.
penduka, a, ire, V. intr., aufstehen (vom Lager, vom Schlaf, vom Tode); trans. *pendura*.
penga, e, ere, V. intr., ausweichen (jemandem).
pepuka, a, ire, V. intr., zu Ende gehen (so dass nichts mehr vorhanden ist); trans. *pepura*.
peta, e, ere, V. trans., biegen, beugen, krümmen, neigen; *petuka* sich zurückbiegen, den Rückweg (hierher) antreten; trans. *petura*.
pevari, Adv., an zwei Orten, zweierlei, zweiartig, doppelsinnig: *ua hungire pevari* er sprach doppelsinnig; *me ripura pevari* ich frage mich zweiseitig, d. h. bin zweifelhaft.
pi? Adv., wo? nur am Ende von Fragen.
pia, i, ire, V. intr., heiss sein, gar sein, sich brennen.
pianga, a, ere, V. trans., abfegen, abschaben.
piata, a, ere, V. trans., Fleisch in dünne Stücke schneiden (um es zu trocknen).
pihuka, a, ire, V. intr., sich verstauchen, verrenken (ein Glied); trans. *pihura*.
pika, i, ire, V. trans., niederwerfen, z. B. ein Rind.
pikama, a, ene, V. intr., schräg, schief stehen; überhaupt mit einem anderen Gegenstande einen spitzen Winkel bilden, z. B. ein Pfahl mit einem anderen, an den er gelehnt ist, ein Weg mit einem anderen, von dem er sich abzweigt.
pikapika, e, ire, V. intr., ruhelos, zügellos, gesetzlos sich verhalten. Fast die gleiche Bedeutung hat *pirapira*, jedoch herrscht darin die Ruhelosigkeit noch mehr vor; *oupikapike* (*oupirapire*) Ruhelosigkeit u. s. w.
pikuruka = *vinguruka*.
pimba, i, ire, V. trans., umtauschen, wechseln; *pimbasana* mit jemand etwas umtauschen.
pinda, i, ire, V. trans., kastriren.
pindika, e, ire, V. intr., gereizt, böse, zornig sein; *ombindikiro* und *omapindi* Zorn, Gereiztheit.
pingena, e, ene, V. intr., an eine Stelle kommen, welche ein anderer vorher verlassen hat, Nachfolger in der Herrschaft werden.
piona, a, ene, V. trans., abfegen, abwischen, z. B. Staub, Thränen.

pirapira; v. *pikapika*.
pirika, e, ire, V. intr., trauern, Trauerzeichen tragen wegen eines Toten; *otjipiriko* Trauermütze.
piruka, a, ire, V. intr., feststehen (Feinden, Hindernissen gegenüber), sich stemmen gegen etwas; gewöhnlich mit der Relativform (*pirukira*).
pirunda, a, ire, V. trans., umrühren, z. B. Speise im Topf.
pita, i, ire, V. intr., hinausgehen, (von Sonne, Mond und Sternen) aufgehen; *pitakana* ein- und ausgehen; *ka pita* (*kapita*) vorbeigehen.
piu, Adj., heiss; *pupjara* (statt *piupara*) heiss sein.
piza, a, ire, V. trans., aus einander werfen, aus einander kratzen, verschleudern, z. B. sein Eigentum.
poena, e, ene, V. trans., langsam trinken, besonders etwas Heisses.
poka, a, ere, V. intr., abreissen (z. B. ein Strick), sich von etwas loslösen, abfallen (z. B. der Knopf vom Kleide, der Knecht von seinem Herrn); trans. *pora*.
pokati, Präp. und Adv., zwischen, dazwischen; besonders zwischen zwei Gegenständen, wogegen *mokati* mehr in dem Sinne »untermischt«.
pona, v. § 167 ff.
pona, a, ene, V. intr., entgleiten, entschlüpfen, entrinnen; *ponapona* immer wieder entschlüpfen; *ponisa* entschlüpfen lassen.
poo, Konj., oder. Nur bei direkten und indirekten Fragen.
popa, o, ere, V. trans., raten, d. h. Rat erteilen.
pora, o, ere, V. intr., abkühlen, d. h. kühl werden; davon das Adjektiv *pore* lau, kühl, milde, ruhig, bedachtsam; *omupore* Frommer; *oupore* Frömmigkeit; *pora*, trans., v. *poka*.
porokera, e, ere, V. trans., anstürmen (auf etwas), erstürmen.
poru, v. § 50.
posa, a, ire, V. intr., tönen, einen Laut von sich geben, streiten mit Worten.
posi und *posio*; v. bei *osi*.
potapota, a, ere, V. intr., durch einander gemischt, in Unordnung sein.
potu, Adj., blind; *omupotu* Blinder; *oupotu* Blindheit; *potupara* blind sein.
pua, pu, puire, V. intr., richtig beschaffen sein, ohne etwas (besonders ohne Fehler) sein; *ozongaku za pu* die Schuhe sind richtig (nicht zu schwach, nicht zu gross, nicht zu klein u. s. w.); *omundu ngui ua pu pokutonua* dieser Mensch ist richtig beschaffen für das Geschlagenwerden, d. h. er verdient geschlagen zu werden; *pa pu* (*papu*) da ist nichts mehr. Nicht logisch, aber durch den Gebrauch gerechtfertigt sind Sätze wie: *ovina mape pu* die Sachen sind am Ende (es ist nichts davon übrig); *ozongombe pa pu* die Rinder sind am Ende; *puisa* etwas so machen, dass es ohne Fehl, richtig beschaffen ist, selig machen; *omupuise* Seligmacher; *pue*, Adj., richtig beschaffen; *omundu omupue* richtig beschaffener, seliger Mensch.
pueja, a, ere, V. trans., wegreissen, entreissen, an sich reissen.
puha, u, ire, V. trans., gänzlich entleeren.
puika, e, ire, V. trans., weglegen, aufbewahren.

puira, e, ire, V. intr., versiegen, austrocknen (Brunnen).
puka, a, ire, V. intr., sich verirren, verlieren.
puka, u, ire, V. trans., zerren.
pukata, a, ere, V. trans., etwas (besonders ein Kind) in den Armen halten.
pukumuna, a, ine, V. trans., ausschütteln (Sack), ausklopfen (Kleider); intr. *pukumuka*.
pumuna und *puna*, Präp., mit.
punda, u, ire, V. trans., rauben, berauben; V. intr., herabsteigen, tanzen.
punga, Adv., wie; *opunga* so.
punguha, a, ire, V. trans., opfern; *ombunguhiro* Opfer.
pupa, u, ire, V. intr., fliessen (Wasser); V. trans., behauen, behobeln.
pupu, Adv., leicht; *pupara* leicht sein.
pura, a, ire, V. trans., fragen; *ripura* sich fragen, d. h. nachdenken.
puratena, e, ene, V. intr., horchen, aufmerken, zuhören, immer mit *ku*: *me puratene ku je*; *me puratene komambo*.
puruka, a, ire, V. intr., verwirrt sein im Kopfe, sehr zerstreut sein.
purura, a, ire, V. trans., abhäuten, abschlachten.
putara, a, ere, V. intr., straucheln.
putuputu, Adj., rund, d. h. kugelförmig; *chi eputuputu* die runde Erde.
puvara, a, ere, V. intr., abmagern, einfallen vor Magerkeit (Gesicht); ganz abgemattet sein.

Raera und *rajera, e, ere*, V. trans., jemand etwas sagen, gebieten, befehlen: vergl. *raja, tja* und *hungira*.
raisa, a, ire, V. trans., zeigen, vorzeigen.
raja, a, ere, V. trans., beauftragen, befehlen; v. *raera*.
rakiẓa, a, ire, V. trans., gewöhnlich fast wie *raja*, dann auch geloben, verheissen.
rama, a, ere, V. trans., verstopfen, nämlich die Speiseröhre: *otjiṇa tje ndji rama*; *ami mba ramua*.
ramanga, a, ere, V. intr., sich abmühen, eifrig sein bei der Arbeit.
ramba, a, ere, V. trans., verjagen, verfolgen.
rambi, Adj., mager; *onḍu ondambi* mageres Schaf.
rambuka, a, ire, V. intr., abmagern; *rambuẓa* mager machen.
randa, a, ere, V. trans., Handel treiben, kaufen; *randisa* verkaufen.
rangaranga, a, ere, V. intr., sich störrig, widerspenstig, unartig, ungehorsam betragen; *otjirangaranga* Widerspenstiger.
rangera, e, ere, V. trans., religiöse Gebräuche verrichten.
rapura und *rapurura, a, ire*, V. trans., die Ovirapura herausreissen (beim Schlachten); dann auch starkes Herzweh (Mitleid) erregen.
rara, a, ere, V. intr., liegen, schlafen, übernachten: *mba rara oẓombuṭu* ich schlief; *mba rara katumba* ich lag (übernachtete) wach.
rarakana, a, ene, V. trans., sich abmühen, etwas gewaltsam an sich reissen, einem etwas entreissen.
rarurura, a, ire, V. intr., lange, verweilen, sehr alt werden.

rasa, a, ere, V. trans., lecken, ablecken.
rauka, a, ire, V. intr., ab-, herab-, hinabsteigen; trans. *raura*.
ravaera, e, ere, V. intr., laut rufen, schreien.
re, Adj., lang; *repara* lang sein.
reka, e, ere, V. trans., aufhangen, erhängen, erwürgen; *rekareka*, intr., hangen, baumeln; *rekama* sich an einem hohen (entfernten, schwer zu erreichenden) Orte befinden.
rema, Adj., weibliches Tier (Rind, Schaf, Ziege), welches etwa halb erwachsen ist; *ongombe ondema*.
remana, a, ene, V. intr., gelähmt sein.
renga, e, ere, V. trans., Riemen schneiden.
rera, e, ere, V. trans., liebkosen.
reʒa, a, ere, V. intr., schmacklos, kraftlos sein (Speise).
ri, Kopula, sein, § 150.
ria, ri, rire, V. trans., essen.
riama, a, ene, V. intr., sich voran bewegen.
rianga, a, ere, V. intr., sich hin und her bewegen, wandern.
riheka, e, ere, V. intr., bitten, flehen.
rijanga, a, ere, V. refl., sich zusammenrollen, wie der Igel.
rimba, i, ire, V. trans., zerstreuen, weit herumwerfen; intr. *rimbara*.
rimba, Adj., rechts und links, d. h. einer, der sowohl links als rechts arbeiten kann.
rinjeka, e, ere, V. refl., sich zu Schwieriges, Unmögliches zumuten.
ripanda, a, ere, V. refl., sich erkühnen, erdreisten, vermessen.
rira, e, ire, V. intr., werden, § 150.
rira, i, ire, V. intr., weinen.
risa, a, ire, V. trans., hüten, bewahren, weiden. Nach Form und Bedeutung erscheint dies Wort als Causativform sowohl von *ri* (sein) als *ria* (essen).
riueʒa = *rinjeka*.
rive, Pron., mit den Genitivpräfixen (*uorive, vorive, jorive* u. s. w.): ein Gewisser; ohne Präfixe: der Gewisse, Bewusste, § 65.
riʒera; v. *ʒera*.
roka, o, ere, V. intr., regnen: *ja* (nämlich *ombura*) *roko* es hat geregnet.
rokoha, a, ere, V. intr., lärmen.
romba, o, ere, V. trans., beschmieren, schmieren (den Wagen), bewerfen (ein Haus); *romboroka* abfallen (Bewurf).
ronda, o, ere, V. intr., hinaufsteigen, ersteigen, bespringen (Stier, Hengst und dergleichen).
ronga, o, ere, V. trans., ermahnen, ermutigen; *rongera* zurüsten, jemand ausrüsten, z. B. zur Reise.
ropa, a, ere, V. trans., gewohnheitsmässig und mit Wohlgefallen etwas thun, geniessen.
roporora, a, ere, V. trans., ausstrecken, z. B. den Arm.
rora, o, ere, V. trans., probieren, versuchen; *omarorero* Versuchung; v. auch *ondoro*.

rota, o, ere, V. intr., träumen.
rova, roo, rovere, durch Zaubermittel und Gift töten, verwünschen.
rua, ru, ruire, V. intr., streiten, fechten, kämpfen.
ruka, u, ire, V. trans., 1. nennen, benennen, d. h. Namen geben (der Name, *ena*, wird als Einfassung, Umgrenzung gedacht; vergl. *omuruko*); 2. etwas bekommen (Blätter, Blumen, Früchte, Bart, graue Haare u. s. w.).
rukuao, Adv., wiederum, nochmal (= *oruveʒe orukuao*).
rukuru, Adv., früher, vorlängst (= *oruveʒe orukuru*).
rukutura, a, ire, V. intr., schwitzen; *orukutu* Schweiss.
rumata, a, ere, V. trans., beissen, auch erben; *rumatisa* auch fett machen, gut nähren (von guter Weide).
rumbira, e, ire, V. trans., etwas fest anziehen, den Bogen, den Hahn des Gewehres spannen. Davon die inversive Form *rumburura*.
rumbu, Adj., gelb, fahl. Die I. Klasse bildet *otjirumbu,* Plur. *ovirumbu* (statt *omurumbu,* Plur. *ovarumbu*), als Substantiv für Weisser (Europäer).
rume, Adj., eigentlich: männlichen Geschlechtes; aber: *ondu ondume* grosser Hammel; *ongombo ondume* grosser Kapater.
rumue, Adv., einmal, § 39.
runduruka, a, ire, V. intr., sich verändern, eine andere Gestalt annehmen, eine andere Stelle einnehmen; trans. *rundurura* auch übersetzen aus einer Sprache in die andere.
ruru, Adj., bitter, sauer, herb.
ruruma, a, ine, V. intr., über etwas weg, in etwas hinein, aus etwas heraus springen; *rurumisa* heisst auch: Feuer anflammen; *orururumo* Flamme.
rurupara und *ruvapara, a, ere,* V. trans., verweigern, abschlagen (die Bitte).
ruvaera, e, ere, V. intr.; v. bei *tua*.

Sa, a, ere, V. intr., müssen, immer mit unmittelbar folgendem Infinitiv: *me s' okuungura indino* ich muss heute arbeiten.
sa, se, sere, V. trans., graben (ein Loch, eine Grube).
sana, a, ene, V. intr., ähnlich sein, gleichen, mit *na* und *ku*: *mba sana na je* und *mba sana ku je*.
saruka, a, ire, V. intr., ausreissen, d. h. fliehen.
sasaura, a, ire, V. trans., überschnell essen, fressen.
sava, a, ere, V. intr., die Zunge ausstrecken; *savasava* sich wählerisch verhalten bezüglich der Speisen, alle Speisen versuchen wollen (gleichsam die Zunge nach allem ausstrecken.
sea; v. *sia*.
seka, a, ire, V. intr., fast immer mit *ka* (*kaseka*), irgendwo hinreichen (an ein entferntes Ziel), sich entfernen: *ouo va kaseka* sie haben sich entfernt, haben das Ziel erreicht; *sekasana* zusammen enden, d. h. gleichgross, gleichwertig sein.
sekama, a, ene, V. intr., aufstehen (vom Sitz, nicht vom Lager oder vom Schlaf; vergl. *penduka*.

sekira, e, ire, V. intr., als Gast wo einkehren.
semba, Adj., gerade, richtig, rechtschaffen; sembama gerade, richtig, rechtschaffen sein.
senga, i, ire, V. trans., verfluchen.
senginina, e, ine, V. trans., nachahmen, d. h. ein Gleichnis, Bild von etwas machen; v. otjisenginina.
senina, e, ine, V. intr., der Letzte sein, etwas zuletzt thun: mba senine po ich war der Letzte dabei; mba senine okutjanga ich schrieb zuletzt (nach anderen, welche vorher schrieben oder nach anderem, was ich zuvor that).
sepa, i, ire, V. trans., aussaugen (z. B. einen Knochen); risepa ableugnen (seinen Reichtum, seine Schuld).
sepunuka, a, ire, V. intr., eingefallen sein (z. B. das Gesicht vor Magerkeit).
sera; v. ondaja.
seraera, e, ere, V. intr., glühen, rot sein, besonders vor Hitze (Eisen, Gesicht, Geschwür); davon das Adjektiv serandu rot.
serekarera, e, ere, V. trans., nachahmen (Bild, Gleichnis, Worte), Geschichte erzählen; v. otjiserekarerua.
seruka, a, ire, V. intr., glatt, eben sein; trans. serura.
seta, i, ire, V. intr., verstopft, verschlossen sein (Luftröhre, Speiseröhre, Ohren, Nase u. s. w.); trans. setika.
sia, sie, sire, V. trans., etwas hinter sich zurücklassen, beim Wettlauf, beim Verreisen, im Sterben. Das Passivum lautet seua; oseua die Zurückgelassene, d. h. Waise.
sika, e, ire, V. trans., Augen schliessen: ma sike omeho.
sina, a, ine, V. trans., erwürgen; Adj., enge; ondjira osina; omuvero omusina.
siona, Adj., arm; sionapara verarmen, arm sein; ousiona Armut.
sira, e, ire, V. trans., einscharren, vergraben, zufüllen (ein Loch); auch: ondjombo ja sira der Brunnen hat verschüttet (das Wasser).
sisa, a, ire, V. trans., sieben, wannen.
sisa, i, ire, V. trans., einen sich ähnlichen Nachkommen zeugen, d. h. einen, der das Aussehen, die Gestalt, die Gebrechen, die Geistesgaben u. s. w. des Erzeugers hat (von Menschen und Tieren): omuatje ua sisua das Kind gleicht seinem Vater.
sora, a, ere, V. intr., gut, richtig machen, können, verstehen (eine Arbeit).
sukara, a, ere, V. intr., beschnitten sein; trans. sukareka beschneiden; omusukare Beschnittener; omusukorunne Unbeschnittener; v. suko.
suko, Adj., jugendliches Weibliches (Menschen und Tiere); omusuko Mädchen, junge Frau; osuko junges weibliches Stück Vieh.
suma, a, ine, V. intr., kochen: omeva ja suma das Wasser kocht.
supi, Adj., kurz, niedrig; susupara kurz, niedrig sein.
sura, u, ire, V. intr., anschwellen (Geschwulst, Geschwür, Teig); omusuro Geschwulst; surututa aufbrausen, schäumen, gühren.
suta, u, ire, V. trans., bezahlen, lohnen; risutisa sich bezahlt machen, rächen; otjisuta Bezahlung, Lohn.

suva, a, vire, V. intr., ruhen, ausruhen; *suvira* pusten, blasen (Wind aus dem Munde); *suvana* stark atmen; *omasuviro* das Ruhen; *orusuvo* die Ruhe.

suvera, e, ere, V. trans., lieben; *orusuvero* Liebe.

ṭa, ṭu, ṭire, V. intr., enden, wo enden, wohin reichen, sterben: *eje ua ṭa mba* er reichte bis hier, d. h. war so gross; *oviṇa vi ṭa pamue* die Sachen enden zusammen, sind gleich gross; *mba ṭ' omuṭjise* ich habe Krankheit, bin krank; *omuhona ua ṭ' oṭjari* der Herr empfindet Mitleid; *omuatje ua ṭ' i ṭjike? (ua ṭu i ṭjike)* was (welcher Unfall) ist dem Kinde zugestossen? Ob enden im absoluten Sinne, d. h. sterben gemeint ist, zeigt ausser dem Zusammenhange fast immer die gebrauchte Zeitform sowie das Vorhandensein oder Fehlen einer Vergleichung.

taima, a, ine, V. intr., gut sichtbar sein, klar hervortreten (von entfernten Gegenständen).

taja, taa, taere, V. intr., fest, hart, vollgepfropft sein (Bauch).

taka, a, ere, V. trans., etwas hin und her bewegen, z. B. den Kopf, etwas drehen (um seine Achse wie den Schleifstein), wedeln mit dem Schwanze; *otjitakanjo* Schwätzer, Schwatzmaul.

takaena, e, ene, V. intr., handgemein werden (im Gefecht).

ṭakama, a, ene, V. intr., feststehen, unbeweglich, fest, treu sein; *onḍakameno* das Feststehen, das Treuesein; *ouṭakame* Festigkeit, Treue; *ṭakamisa* fest halten.

takavara, a, ere, V. intr., sich vermehren, zahlreich sein.

takuma, a, ine, V. intr., eine andere Sprache sprechen, dolmetschen.

tama, a, ene, V. trans., mit Unterbrechung essen, schluckweise trinken; *tamatama* fluktuiren (Eiter im Geschwür, Federn im Kissen u. s. w.).

tambaneka, e, ere, V. trans., missbrauchen (den Namen jemandes).

tambatamba, a, ere, V. intr., unruhig hin und her gehen.

tambuka, a, ire, V. intr., den Mut fallen lassen (vor Schreck), gewöhnlich mit *omutima: ua tambuka omutima*.

tamuna, a, ine, V. trans., erwähnen, aussagen; *tamunina* aussagen, erwähnen für jemand, d. h. geloben, versprechen.

tana; v. *nata*.

tanambe, Adj., frisch melken, z. B. eine Kuh, welche kürzlich gekalbt hat.

tanauka, a, ire, V. intr., sich umwenden, die umgekehrte Richtung einschlagen, sich verwandeln (z. B. der Löwe in einen Menschen in Tierfabeln); trans. *tanaura; ritanaura* sich umwenden, bekehren.

tanda, a, ere, V. trans., drohen, sägen, pflügen.

tandaura, a, ire, V. trans., erweitern, ausdehnen (die Grenzen des Reiches, Gartens, Hauses); intr. *tandauka* und *tandavara*.

tanga, a, ere, V. trans., loben, preisen; *ondangero* Lob.

tapa, a, ere, V. trans., etwas Weiches, Breiartiges woraus hervorholen, z. B. Honig aus dem Felsen, Brei aus dem Topfe.

tapakana, a, ene, V. intr., quer durch ein Land, Feld, Zimmer u. s. w. reichen oder gehen.

tapua, ua, erue, V. intr., sehr erschrecken, sich sehr entsetzen, meist mit *omutima*: *omutima ua tapua*.
tara, a, ere, V. trans., ansehen, besehen, Acht haben; *ritara posio* (und *poʒosio*) sich umsehen, orientiren.
ṯara, a, ere, V. intr., sich versteckt, verborgen halten.
ṯaraṯara, a, ere, V. intr., taumeln.
tarara, a, ere, V. intr., weich, feucht sein; trans. *tarareka*.
taravara, a, ere, V. intr., ausgestreckt liegen.
taraʒu, Adj., weich, feucht, kalt sein.
tariona, Adj., jung, zart aber fett, d. h. wohlgenährt.
tata, a, ere, V. intr., schlaff, d. h. nicht gespannt, nicht fest angezogen sein (Schnur, Bogensaite u. s. w.); *tata*, Adj., gewöhnlich mit dem Präfix *e*, daneben *otji* und *oru*; *outa etata* und *otjitata* schlaffer Bogen; *oruhere etata* und *orutata* weicher Brei (von Mehl).
tata, a, ere, V. trans., niederwerfen, ehren, hochachten; *ondatero* Verehrung.
tataiʒa, a, ire, V. trans., verfehlen, Fehler, Irrtum, Unrecht begehen.
tatera, e, ere, V. intr., sich auf etwas stützen, mit *ku*: *ma tatere kokati* er stützt sich auf den Stock.
tatu, Zahlw., drei, § 34.
tatuma, a, ine, V. intr., flehen, sich unterwürfig benehmen, um gefürchteter Strafe zu entgehen; *tatumisa* quälen, peinigen, misshandeln.
ṯaṯuna, a, ine, V. trans., zerkauen, zerbeissen.
tauka, a, ire, V. intr., bersten, einen Riss bekommen, besonders der Länge nach; trans. *taura*, welches ausserdem fliehen heisst.
teja, a, ere, V. trans., brechen, zerbrechen, abbrechen (Haus); intr. *teka, a, ere*.
teka, e, ere, V. trans., Wasser holen (vom Brunnen).
ṯeka, i, ire, V. intr., bis wohin reichen, wo enden, nämlich der Grösse, der Ausdehnung, der Vielheit nach: *ondjuuo ndji ja ṯeki pondundu* dies Haus ist so gross wie ein Berg; *ovipuka mbi via ṯeki pamue* diese Tiere sind gleich gross; *ovanavita va ṯeki poʒombahu* die Feinde waren so zahlreich wie Heuschrecken; v. *ṯa*.
tekura, a, ire, V. trans., zurückgeben an den Eigentümer (das von ihm Geliehene, die ihm entlaufene Frau); *ritekura* zurücknehmen, besonders seine Worte, d. h. widerrufen.
tena, e, ene, V. trans., anknurren, schimpfen, meinen, d. h. es auf jemand abgesehen, jemand im Auge haben (mit dem, was man sagt).
tenda, e, ere, V. trans., schneiden, ritzen: *eje ue ritendere* er hat sich geschnitten.
tendama, a, ene, V. intr., in einer erhöhten Stellung, über etwas sich befinden, über einem Berge, Felsen, Baume, daher: *omueʒe ua tendama* der Mond steht über (nämlich der Sonne), d. h. es ist Neumond.
tendeka, e, ere, V. intr., entlaufen, ganz verloren sein (von Menschen, Tieren und Sachen). Die Relativform *tendekera* die Aeste der Dornhecke dick auf einander werfen.
tendera, e, ere, V. intr., stark, fest, tapfer sein, wieder Mut gewinnen.

tendeza, a, ere, V. intr., an der Oberfläche hantiren, auf dem Wasser sich bewegen, schwimmen.
tenduna, a, ine, V. intr., hinken.
tenga, e, ere, V. intr., der Erste sein bei etwas, etwas erst thun, d. h. ehe ein anderer dasselbe thut oder ehe man etwas anderes thut, jemand zuvorkommen, besonders: mit Ehrerbietung, also ehren; *tengurura* entehren, missachten; intr. *tenguruka* seine Ehre, Ehrenstellung einbüssen, ehrlos werden.
tenga, Adj. (Ordinalzahl), erster; *omundu omutenga*; *otjina otjitenga*.
teta, a, ere, V. trans., zerbrechen, zerschlagen, etwas Hartes, wie Stein, Gehirnschale, irdenes Gefäss u. s. w.; *tetara* Schmerz empfinden wie von Zerschlagenheit oder Brand: *omutima ua tetara*; *tetuka* ganz zusammenbrechen; trans. *tetura* auch verhöhnen, ganz verächtlich behandeln.
teza, a, ere, V. trans., folgen, hinterher gehen, auf der Spur jemandes gehen; v. auch bei *ongo*.
ti, Adj., stumpf, leblos; fast nur von Menschen und schneidenden Werkzeugen; *omundu omuti* toter Mensch; *oruvio oruti* stumpfes Messer.
tia, tie, tiere, V. trans., austeilen, verteilen, zuerteilen; *ritia* sich aneignen: *eje ue ritia ouhona* er hat sich die Herrschaft angeeignet.
tiakana, a, ene, V. intr., zwei Gegenstände mit einander verbinden, von einem Gegenstande an den anderen reichen, wie z. B. ein Balken von einer Wand auf die andere, wie die Sonne durch ihre Bahn den Osten und Westen verbindet.
tika, a, ire, V. intr., verschüttet werden aus einem übervollen, schief stehenden, schwankenden oder zerbrochenen Gefäss; *tikatika* zum Ueberlaufen voll sein.
tika, e, ire, V. trans., begleiten, geleiten.
timangura, a, ire, V. trans., verächtlich zu oder von jemand sprechen, jemand mit verächtlicher Bezeichnung belegen, z. B. *omutua* statt *omundu*, *otjiombe* statt *ongombe* sagen.
timbura, a, ire, V. trans., abbrechen (ein Stück von einem länglichen Gegenstande); intr. *timbuka*; *timbaura* gänzlich zerbrechen, zertrümmern; intr. *timbauka*.
tina, a, ine, V. intr., piepen, zirpen, zwitschern; *tinatina*, fast gleichbedeutend, aber mehr von Menschen gebraucht.
tindi, Adj., dick (Zeugstoffe, Felle, Bretter u. s. w.).
tiora oder *tjora, a, ere* Brennholz sammeln.
tipuka, a, ire, V. intr., sehr verdünnt sein an einer Stelle wie die Hornisse, eine Frau mit dünner Taille; v. *timbuka* bei *timbura*; *omatipu* die Einschnürung, z. B. der Taille.
tira, a, ire, V. trans., fürchten.
tirahi, i, ire, V. trans., wegschütten, ausschütten (von *tirira* und *pehi*).
tirika, e, ire, V. trans., einen Gegenstand (Schwanz, Bein, Fahne) in die Höhe strecken.
tirira, e, ire, V. trans., einschütten in ein Gefäss.

titi, Adj., klein; *omuatje omutiti; ondjuuo onditi; titipara* klein sein.
tita, a, ire, V. trans., einen Gegenstand an einen anderen anlehnen, stützen.
tja, a, tjere, V. intr., sagen. Derjenige, dem etwas gesagt wird, steht immer mit *ku: eje ua tja ku je*. Der Imperativ lautet *itja* und *itjee* statt *tja* und *tjee*.
tja (eigentlich *tjia*), *tji*, *tjire*, V. intr., hell werden (Tagesanbruch). Meist mit dem Verbalpronomen von *opoŋa: pa tji* es wurde hell; *mape tji* es wird hell. Das Passivum der Relativform bedeutet »sich früh morgens wo befinden« (an einem Ort, bei einer Arbeit u. s. w.): *mba tjirua muno* früh morgens war ich hier (es wurde mir hier Morgen); *mba tjirua ame ungura* ich arbeitete früh morgens (es wurde mir Morgen über dem Arbeiten).
tjajera (tjaera), e, ere, V. trans., jemand oder etwas zurückwenden aus der eingeschlagenen Richtung).
tjakanena, e, ene, entgegengehen, begegnen: *me mu tjakanena* ich gehe ihm entgegen.
tjandje, Pron. poss., mein, § 58.
tjandje, Adv., unterdessen, damals, noch, schon.
tjanga, a, ere, V. intr., ritzen, Einschnitte, Striche machen, schreiben, zeichnen, malen.
tjanguasi, tjangovasi, tjangouasi, tjandovasi, ndovasi. Alle diese und noch einige andere Formen gleicher Bedeutung sind hergeleitet von *tja* (sagen) und *ndovasi* (wenn etwa) und bedeuten »meinen«, d. h. die Meinung haben.
tjaripara; v. *otjari*.
tjata, a, ere, V. intr., Geschmack, besonders Wohlgeschmack haben: *ovikuria mbi mavi tjata* diese Speise schmeckt (gut); *tjatisa* Wohlgeschmack, Wohlgefallen an etwas haben; *ritjatisa* sich angenehm, beliebt machen; *orutjato* Wohlgeschmack, Wohlwollen.
tjatja, a, ere, V. trans., besprengen, begiessen.
tjeka, e, ere, V. trans., ausspeien, auch trinken, indem man sich das Wasser mit der Hand in den Mund wirft.
tjema, e, ene, V. intr., stöhnen, jammern, seufzen.
tjena, e, ene, V. intr., blitzen, auch zuckende, krampfhafte Schmerzen haben, besonders im Kopfe; v. *orutjeno*.
tjendjereka, e, ere, V. trans., hinterlistig überfallen.
tjera, e, ere, V. trans., nachstellen, verfolgen.
tjerauka (tjirauka), a, ire, V. intr., herumschweifen, sich rasch hin und her bewegen.
tjevera, e, ere, V. trans., bewachen.
tji, Pron. pers., § 46; Konj. und Adv., wenn, falls (nicht für »wann« bei der Frage).
tjike? Fragepron., was? (*tji* ist das Nominalpräfix *tji* und *ke* das § 63 genannte *ke*).
tjikuriho, Adv., wenn etwa, im Fall, dass.
tjimanga, auch *kamanga*, Adv., sofort, sogleich. Auch als Substantivum *motjimanga* im Sogleich, augenblicklich.
tjimue, Zahlw., eins, § 34, Adv., übereinstimmend, einerlei, gleichzeitig.
tjimuna, Adv., scheinbar (es scheint, dass).

tjinangara, Konj., falls, wenn etwa, § 244.
tjinda, *i*, *ere*, V. intr. und trans., tragen (Last, Beschwerde jeder Art); umziehen, d. h. seinen Wohnort wechseln.
tjinene, Adv., sehr, schnell, laut.
tjinga, Adv. und Konj., während, wie, weil.
tjiri, Adv. und Interj., gewiss, wahrlich, sicher; *otjotjiri* (*otjo tjiri*) das oder so ist es gewiss.
tjita, *i*, *ire*, V. trans., thun, machen.
tjituka, *a*, *ire*, V. intr., sich verwandeln.
tjiua, *ua*, *virue*, V. trans., wissen, kennen; *tjiukua* bekannt sein, gewusst werden.
tjiva, unbestimmtes Zahlw., einige, einiges; *ovandu tjiva*; *oɀongombe tjiva*; *omeva tjiva*. Es bezeichnet fast immer einige von vielen, bei unzählbaren Gegenständen einen Teil vom Ganzen.
tjiɀa, *a*, *ire*, V. trans., wittern, gewahren; v. *tjiua*.
tjo, Adv., leer, bloss, ohne etwas: *mbi ri tjo*; *ve ri tjo*.
tjokotja, *a*, *ere*, V. intr., brodeln (wie dicker Brei im Topfe), kollern (im Leibe).
tjonga, *a*, *ere*, V. intr., verweilen, sich aufhalten.
tjonona, *a*, *ene*, V. intr., triefen, herunterlaufen (Thränen an der Wange, Wasser an der Wand).
tjora; v. *tiora*.
tjupa, *u*, *ire*, V. intr., spritzen, z. B. Blut aus der Ader, Wasser aus der Spritze.
tjurira, *e*, *ire*, V. intr., feststecken, z. B. der Wagen im Sande.
tjuvikiɀa, *a*, *ire*, V. trans., etwas verbergen, um nicht gesehen zu werden.
toka, *o*, *ere*, V. intr., spät am Tage, gegen Abend sein. Das Passivum der Relativform bedeutet »sich am Abend wo befinden« (an einem Ort, bei einer Arbeit u. s. w.); *mba tokerua k' Okahandja* ich verbrachte den Abend zu Okahandja.
tomba, *o*, *ere*, V. trans., zertreten, verderben; *tombakana* sehr kraftlos (gleichsam zertreten) sein, durch Krankheit, vor Alter.
tona, *o*, *ene*, V. trans., schlagen, läuten, spielen (auf einem Musikinstrument); *otjitona* das Schlagen.
toṇa, *a*, *ene*, V. trans., besiegen, in die Flucht schlagen.
tonda, *o*, *ere*, V. trans., stampfen, dreschen, verachten, hassen.
tonga, Adj., hoch, erhaben; *tongama* hoch, an einem hohen Orte sein.
tongoka, *a*, *ere*, V. intr., sich erheben, sich aufmachen, entweichen; trans. *tongoɀa*.
topa, *a*, *ere*, V. intr., sehr kraftlos, besonders altersschwach sein, von Menschen, Tieren und Sachen.
topikana, *a*, *ene*, V. intr., ganz durchnässt, durchweicht sein, z. B. die Erde nach starkem Regen.
topoka, *a*, *ere*, V. intr., durchlöchert, durchbohrt sein; trans. *topora*.
topotora, *a*, *ere*, V. intr., unüberlegt, gedankenlos reden.
tora (*toora*), *a*, *ere*, V. trans., aufheben, etwas von der Erde.
ṭora, *o*, *ere*, V. intr., finster sein, mondlose Nacht sein.

tota, o, ere, V. trans., abschaben, durchlöchern (besonders Felle und Kleider durch Motten); *totoka* zerfressen, durchlöchert, verschlissen, verfallen, baufällig sein; trans. *totora.*
tova, too, tovere, V. intr., auftrocknen (besonders die Euter einer Kuh, eines Schafes u. s. w.).
tua, tua, tuire, V. trans., fast immer mit *ku, mu* oder *pu,* sowie *ko, mo* oder *po,* auflegen, hineinlegen, beilegen: *mba tua motjitjuma* ich habe es in das Gefäss gelegt.
tua, tu, tuire, V. intr., sehr heiss sein, besonders von der Mittagshitze; oft noch verstärkt durch *tuvaera: omutenja ua tu, ua tuvaera* die Mittagshitze ist sehr gross.
tuara, a, ere, V. trans., etwas wegtragen, wohin bringen; *tuaerera* mit sich hinwegnehmen; Pass. *tuaererua* hinweggenommen werden durch Schlaf oder Tod, also einschlafen oder sterben; letztere Bedeutung vorherrschend.
tue, Adj., scharf; *outue* Schärfe.
tuera, e, ere, V. trans., stechen, graben (den Garten); vergl. *hupura* und *sa.*
tueʒu, Adj., dick, korpulent; *ondueʒu* auch Stier, Schafbock, Ziegenbock u. s. w.; *ondueʒu joʒongombe, ondueʒu joʒonḓu* u. s. w.
tuika, e, ire, V. trans., jemand behülflich sein, eine Last aufzuheben (auf Kopf, Rücken, Schulter).
tuika, a, ire, V. intr., eitern, auslaufen (der Inhalt des Auges, so dass dasselbe erblindet); trans. *tuija; outuika* Eiter.
tuima, a, ine, V. intr., rauchen: *omuriro mau tuima.*
tuirisa, a, ire, V. trans., salben.
tuite, Adj., trächtig (vom Vieh).
tuka, a, ire, V. intr., in die Höhe springen, auffliegen.
ṭuka, u, ire, V. trans., stampfen (z. B. ein Fell beim Gerben), buttern; verstärkte Form *ṭukuṭura; ṭukara* weich gestampft, schwach, kraftlos, gelähmt sein.
tukana, a, ene, V. trans., beschimpfen, schimpfliche Bezeichnung gegen jemand gebrauchen; vergl. *senga.*
tuma, u, ine, V. trans., senden, schicken.
tumba, u, ire, V. intr., reich sein, viel besitzen; *tumbara* viel sein (Besitztum).
tumbuka, a, ire, V. intr., herankommen, sich nähern; *tumbura* herantreiben; *tumbuʒa* heranschieben.
ṭuna, u, ine, V. trans., zurechtmachen, ausbessern, mit *ku* (*ma ṭunu ku je*), berühren.
ṭunda = *ʒunda.*
tunga, u, ire, V. trans., bauen, verfertigen (Haus, Wagen, Kleiderstoff u. s. w.); *tungurura* umbauen.
tupuka, a, ire, V. intr., schnell laufen, weglaufen, fliehen; *ritupuka* früh morgens sich aufmachen.
tura, a, ire, V. intr., wohnen, mit *ondjo* (*ma tura ondjo*), sich versündigen, Schuld auf sich laden.
ṭura, u, ire, V. trans., zerstampfen, gewaltsam niederwerfen.

turika, e, ire, V. trans., aufhangen, aufbewahren; *turura* herabnehmen (das Aufgehangene).
tuta, u, ire, V. trans., etwas wohin tragen oder fahren.
tutama, a, ene, V. intr., sein Wasser machen, harnen.
tutuma, a, ine, V. intr., donnern; v. *orututumo.*
tutumika, e, ire, V. trans., eintauchen, untertauchen.
tutumukua, ua, irue wieder zu sich kommen, erwachen, aus der Ohnmacht, vom Scheintode.
tuurunga, a, ire, V. trans., hindurchgehen, sich hindurchdrängen.
tuva, tuu, tuvire, V. trans. und intr., stechen, mit etwas Stumpfem, z. B. mit einem Finger ins Auge; vergl. *tuera* ermangeln, d. h. nicht vorhanden sein, was einem besonders lieb ist oder unentbehrlich scheint; *tuvakana* hindurchdringen, z. B. Kugel oder Dolch.

Ua, Adj., gut, schön; *uapara* gut, schön sein.
ua, u, uire, V. intr., fallen.
uaana, a, ene, V. intr., schreien, blöken, brüllen (vom Vieh).
uama, a, ene, V. intr., sich bergen, vor Regen und der Sonne.
uana, a, ene, V. intr., sich vereinigen; trans. *uaneka.*
uerauera, e, ere, V. intr., blank, glänzend sein.
ueza, a, ere, V. trans., hinzufügen.
uhara, a, ere, V. intr., den Tag wo zubringen; v. *rara.*
uina, Konj., auch, § 237; Adv., absichtlich, § 224.
uka; v. *vuka.*
unauna, a, ine, V. intr., murren.
unda, u, ire, V. intr., verborgen sein; trans. *undika.*
undja, u, ire, V. intr., warten auf etwas.
undura, a, ire, V. trans., schieben.
ungura, a, ire, V. trans., arbeiten, machen; *otjiungura* Arbeit.
unina, e, ine, V. intr., zufriedengestellt sein, befriedigt sein bis zum Ueberdruss.
uoka, a, ere, V. intr., beruhigt, zahm werden.
uonja, o, ere, V. intr., kraus, gekräuselt werden, Falten werfen, Faust ballen.
uorauora, a, ere, V. intr., voll Freude sein, sich sehr freuen.
uoro, Adj., taub; *omundu omboro* (statt *omuuoro*).
uorongana, a, ene, V. intr., sich mit einander versammeln, in grossen Mengen zusammenlaufen.
ura, a, ire, V. intr., voll sein, v. § 147.
ura, u, ire, V. trans., bemeistern, überwinden, einen Feind, eine Bürde, eine Not; Pass. (*urua*), ermüdet, überwunden sein.
uri und *uriri,* Adv., nur.
uruma, a, ine, V. intr., erschrecken.
uta, u, ire, V. trans., anfangen, z. B. eine Arbeit; vergl. *tenga.*
utuka, a, ire, V. intr., herzulaufen, herbeieilen.

Vaka, *a*, *ere*, V. trans., stehlen; *vakira* sich mit der Frau oder mit der unverheirateten Tochter eines anderen vergehen, huren; *oruvakiro* Hurerei.
vanda, *a*, *ere*, V. trans., etwas ausgebreitet worüber decken; *ombanda* Kleidungsstück; *rivanda* sich niederwerfen; *vandeka* bedecken; *vandurura* abdecken.
vandara, *a*, *ere*, V. intr., brüllen.
vanga, *a*, *ere*, V. trans., wollen; *ombango* Wille.
vapa, Adj., weiss.
vara, *a*, *ere*, V. trans., schätzen, achten, rechnen, zählen; *otjivarero* Zahl.
varama, *a*, *ene*, V. intr., an etwas, z. B. einem Fluss, entlang gehen.
vareka, *e*, *ere*, V. trans., etwas als später in Besitz zu nehmendes Eigentum bezeichnen; deshalb auch verloben, d. h. als seine Braut bezeichnen.
vari, Adv., freilich, allerdings, doch.
varura, *a*, *ire*, V. trans., nachsehen, übersehen (das Vieh, ob alles da ist), besuchen, auch vermissen beim Nachsehen.
vatera, *e*, *ere*, V. trans., helfen; *ombatero* Hülfe.
vava, *a*, *ere*, V. trans., einreiben (den Körper mit Fett).
vaẓa, *a*, *ere*, V. trans., erreichen, überholen, wohin reichen.
vera, *e*, *ere*, V. intr., erkranken, krank werden; trans., strafen; *vereka* einen Kranken haben (*mba vereke omukarere*); auf dem Rücken tragen, besonders ein Kind; *otjivereko* Fell, in welchem Kinder auf dem Rücken getragen werden, auch die Kinder selbst; *veruka* genesen.
veripa, *a*, *ire*, V. intr., meist *riveripa* zum ersten Mal befruchtet oder säugend sein (von Menschen und Tieren).
veta, *e*, *ere*, V. trans., werfen, schiessen und zwar treffen (einen Gegenstand); vergl. *jumba*; *vetera* würfeln, Loos werfen.
vi? Fragepartikel, wie? was?
vi, Adj., schlecht, hässlich; *omundu omuvi*; *oruvio oruvi*.
viara, *a*, *ere*, V. intr., wohlleben, vergnügt sein.
vihu, Adj., roh, ungar; *ovikuria ovivihu*.
vinguruka, *a*, *ire*, V. intr., sich umwenden; trans. *vingurura*.
virauka, *a*, *ire*, V. intr., wimmeln, sich schnell hin und her bewegen (nur von kleinen Tieren).
virikiẓa, *a*, *ire*, V. trans., Abschied nehmen und geben.
viruka, *a*, *ire*, V. intr., ausweichen (jemand); trans. *virura*.
viura, *a*, *ire*, V. trans., gerade biegen, ein Kind durch Zucht zurechtbringen; intr. *viuka*.
viva, *i*, *ire*, V. intr., in der Luft herumfuchteln, mit etwas.
vonda (*onda*), *o*, *ere*, V. trans., sich in den Mund melken.
vota; v. *ota*.
votama; v. *otama*.
vova; v. *ova*.
vuka (*uka*), *u*, *ire*, V. intr., ahnen, wahrsagen, prophezeien.

Za, ʒu, ʒire, V. intr., von wo herkommen, wo weggehen. Wenn dies Wort *koŋa* zum Subjekt hat (§ 167 ff.), dann ist es mit »sagen« zu übersetzen: *maku ʒu* es wird gesagt (man sagt); *kua ʒa, tate me ja* es wird gesagt (verlautet), dass Vater kommt.

ʒara, a, ere, V. trans., tragen (Schmuck, Kleid), ertragen, gut behandeln; *omuʒaro* das Vertragen, Schmuck; *ʒareka* schmücken.

ʒea (ʒeja), e, ere, V. trans., anlehren (ein Tier zum Arbeiten).

ʒema, i, ine, V. intr., erlöschen (Feuer, Schrift, Spur u. s. w.).

ʒemba, i, ire, V. trans., vergessen; *ʒemburuka* erinnern, wiedererkennen.

ʒendu, Adj., weiblich (von Tieren); *ongombe onɖendu* Milchkuh; v. *kaʒa*.

ʒenga, i, ire, V. intr., undeutlich, unsichtbar werden, erlöschen (Schrift, Viehspur u. s. w.)

ʒepa, a, ere, V. trans., töten; Kausativ *ʒepaisa* statt *ʒepisa*.

ʒera, i, ire, V. trans., begehren, verlangen, sich sehnen; *riʒera* sich vornehmen, Entschluss fassen; intr. unerlaubt, verboten sein (besonders von Speisen, welche einem die religiöse Sitte verbietet); *ʒerika* verbieten.

ʒeu, Adj., schwer, stark; *omundu omuʒeu*; *ouʒeu* Gewicht.

ʒeʒera, a, ere, V. intr., zittern, besonders vor Frost.

ʒika, i, ire, V. trans., feststellen, z. B. einen Pfahl in der Erde; *ʒikama* feststehen.

ʒingara, a, ere, V. intr., befriedigt, genügsam, selbstzufrieden sein.

ʒira, i, ire, V. intr., antworten, Auskunft geben; vergl. *itavera*.

ʒiʒa, a, ire, V. intr., leck sein, auslaufen (aus dem lecken Gefäss, Blut aus dem Körper u. s. w.).

ʒiʒinga, e, ire, V. trans., schonen, das Kind verschonen, d. h. ihm die verdiente Strafe nicht geben.

ʒorera, e, ere, V. intr., finster, dunkel sein; Kausativ *ʒororisa* statt *ʒorerisa*; *onɖorera* Finsternis.

ʒorondu, Adj., schwarz; *omundu omuʒorondu*; *ombua onɖorondu*; *ombanda onɖorondu*. Für Rinder, Schafe, Ziegen und einige andere Tiere sagt man *ʒoroʒu* statt *ʒorondu*; *ongombe onɖoroʒu*.

ʒukura, a, ire, V. trans., ausziehen, nämlich Pflanzen mit den Wurzeln; intr. *ʒukuka*.

ʒunda, a, ire, V. trans., verderben, beschmutzen; intr. *ʒundara* und *ʒundaka*.

ʒunga, u, ire, V. trans., umrühren (z. B. Speisen im Topf), aufwühlen; *ʒungana* aufgewühlt, im Aufruhr sein.

ʒuva, ʒuu, ʒuvire, V. trans. und intr., hören, verstehen; mit *ku* (*ma ʒuu ku ami*), gehorchen; *ʒuvara* hörbar sein, sich hörbar machen, ertönen.

ʒuʒura, a, ire, V. trans., schmelzen; intr. *ʒuʒuka*.

ʒuʒuma, a, ine, V. intr., summen, schnurren.

www.ingramcontent.com/pod-product-compliance
Lightning Source LLC
Chambersburg PA
CBHW030349170426
43202CB00010B/1313